BIBLIOTHÈQUE ROSICRUCIENNE

DEUXIÈME SÉRIE, N° 6.

RAYMOND LULLE

ARS BREVIS

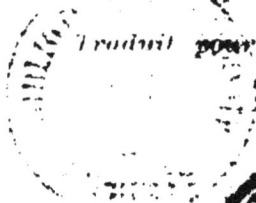

Traduit pour la première fois du latin
en français.

BIBLIOTHÈQUE CHACORNAC

1901

RAYMOND LULLE

ŒUVRES QUI ONT RAPPORT A L'ART DÉCOUVERT
PAR LUI, UNIVERSEL, DE COMPRENDRE LES
SCIENCES ET LES ARTS, PAR UN ABRÉGÉ
RAPIDE, EN AFFERMISSANT LA
MÉMOIRE, ET D'EN TRAITER
D'APRÈS LE MOMENT
AVEC UNE SÛRETÉ
TRÈS GRANDE.

AVEC UN INDEX DES CHAPITRES

*Traduit pour la première fois du latin
en français.*

Beaugency. — Imp. Laffry.

L'ART BREF

DE

M. RAYMOND LULLE

Résumé et abrégé du Grand Art.

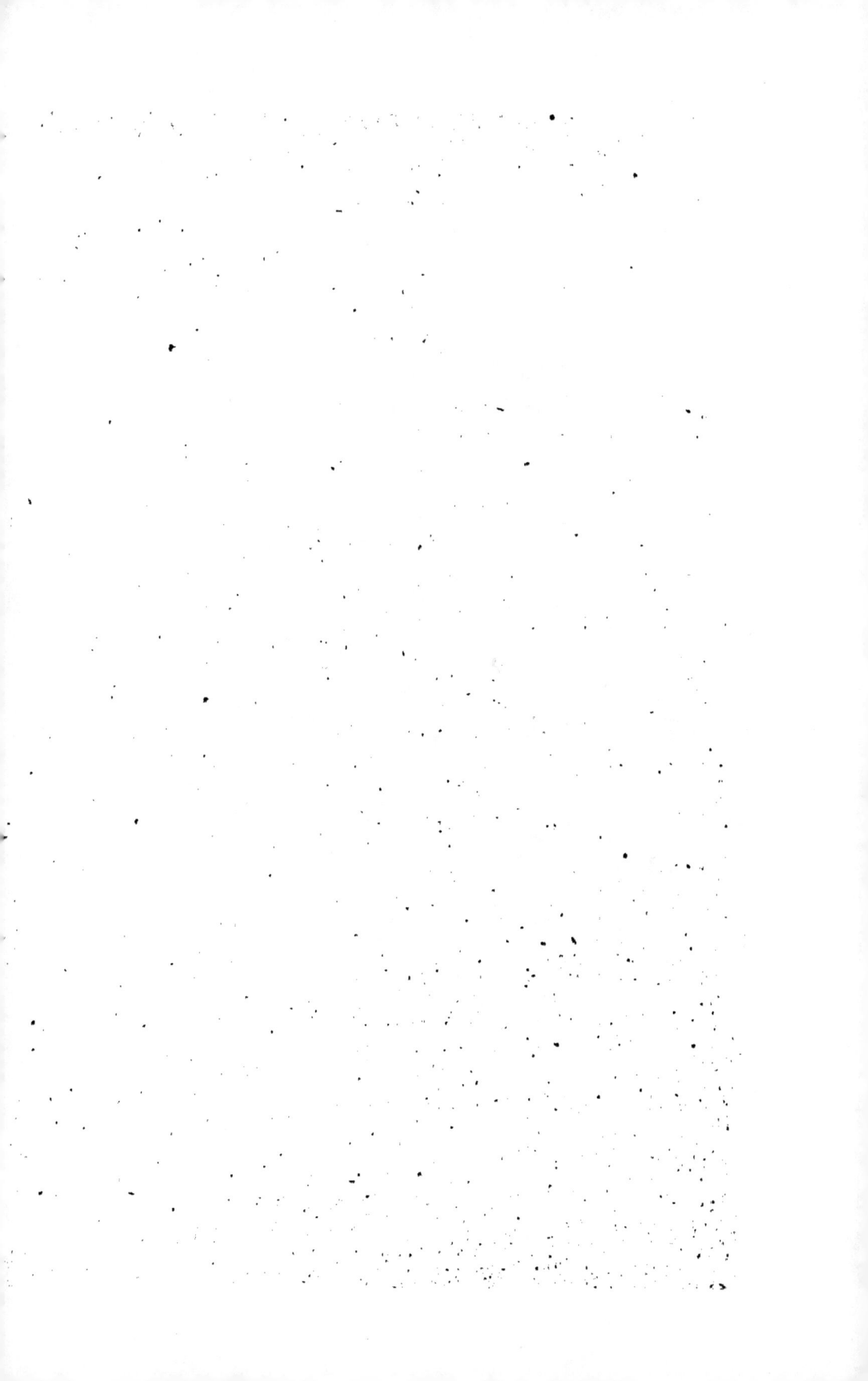

Figure I.
Des affirmations absolues.

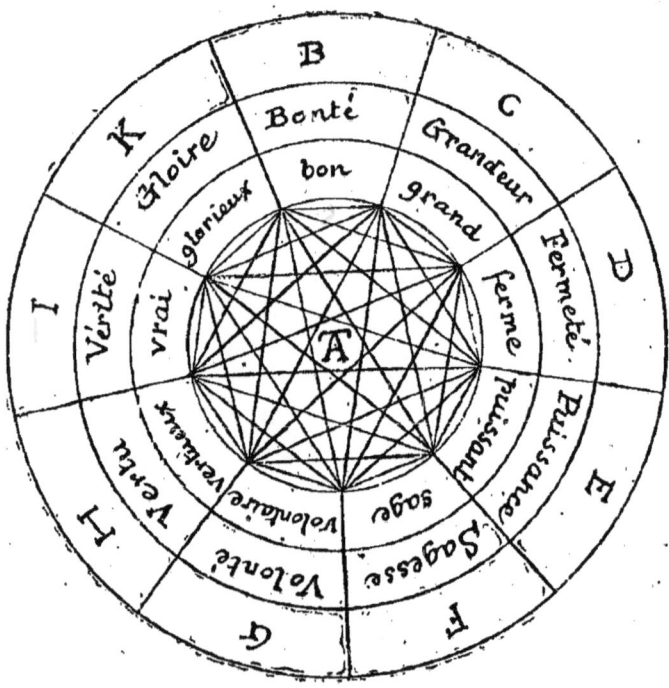

Bonté — bon
Grandeur — grand
Fermeté — ferme
Puissance — puissant
Sagesse — sage
Volonté — volontaire
Vertu — vertueux
Verité — vrai
Gloire — glorieux

A
B C D E F G H I K

Figure 2.

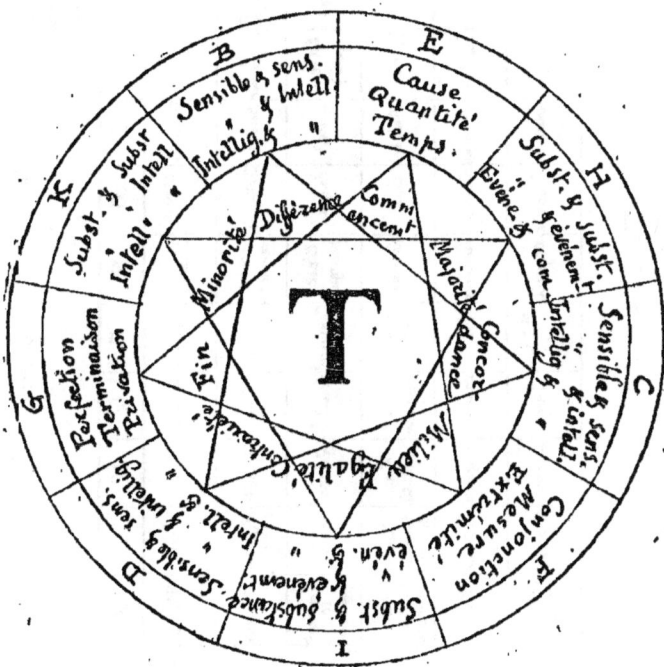

Figure 2.

Fig. 3.

Alphabet
où les principes de cet art sont :

Tableau pour l'Art Bref

	A *(Essence, Unité, Perfection)*	B	C	D	E	F	G	H	I	K
Affirmations — Absolues		Bonté	Grandeur	Éternité ou Durée	Pouvoir	Sagesse	Volonté	Vertu	Vérité	Gloire
T. Relations (vis ou Différences respectives)		Différence	Accord	Contrariété	Commencement	Milieu	Fin	Majorité	Égalité	Minorité
Q. Questions		Est-ce que?	Quel?	de qui?	C'est pourquoi?	Combien? Quel?	Quel?	Quand? Où?	Comment & avec quoi?	
S. Sujets		Dieu	Ange	Ciel	Homme	Imagination	Faculté Sensitive végétative	Faculté Élémentative Instrumentative	Fac. Instructive	Fac. Instructive
V. Vertus		Justice	Prudence	Courage	Tempérance	Foi	Espérance	Charité	Patience	Piété
V. Vices		Avarice	Gourmandise	Luxure	Orgueil	Paresse	Envie	Colère	Mensonge	Inconstance

Fig. IV.

BC	CD	DE	EF	GH	GH	HI	IK
BD	CE	DF	EG	GH	GI	HK	
BE	CF	DG	EH	FI	GK		
BG	CG	DH	EI	FK			
BH	CH	DI	EK				
BH	CI	DK					
BI	CK						
BK							

Fig. VI

Tableau Général

	I	II	III	IV	V	VI	VII
1	BCDT	CDET	DEFT	EFGT	FGHT	GHIT	HIKT
2	DCTB	CDTC	DETD	EFTE	FGTF	GHTG	HITH
3	BCTC	CDTD	DETE	EFTF	FGTG	GHTE	HITI
4	BCTD	CDTE	DETF	EFTG	FGTH	GHTI	HITK
5	BDTB	CETC	DFTD	EGTE	FHTF	GITG	HKTH
6	BDTC	CETE	DFTE	EGTF	FHTG	GITH	HKTI
7	BDTD	CTCD	DFTF	EGTG	FHTH	GITI	HKTK
8	BTBC	CTCE	DTDE	ETEF	FTFG	GTGH	HTBI
9	BTBD	CTCE	DTDF	ETEG	FTFH	GTGI	HTHK
10	BTCD	CTDE	DTEF	ETFG	FTGH	GTHI	HTIK
11	CDTB	DETC	EFTD	FGTE	GHTF	HITG	IKTH
12	CDTC	DETD	EFTE	FGTF	GHTG	HITB	IKTI
13	CDTD	DETE	EFTF	FGTG	GHTH	HITI	IKTK
14	CTBC	DTCD	ETDE	FTEF	GTFG	HTGH	ITHI
15	CTBD	DTCE	ETDF	FTEG	GTEH	HTGI	ITHK
16	CTCD	DTDE	ETEF	FTFG	GTGH	HTKI	ITIK
17	DTBC	ETCD	FTDE	GTEF	HTFG	ITGH	KTKI
18	DTBD	ETCE	FTDF	GTEG	HTFH	ITGI	KTHK
19	DTCD	ETDE	FTEF	GTFG	HTGK	ITHI	KTIK
20	TBCD	TCDE	TDEF	TEFG	TFGH	TGHI	THIK

Figure 6.

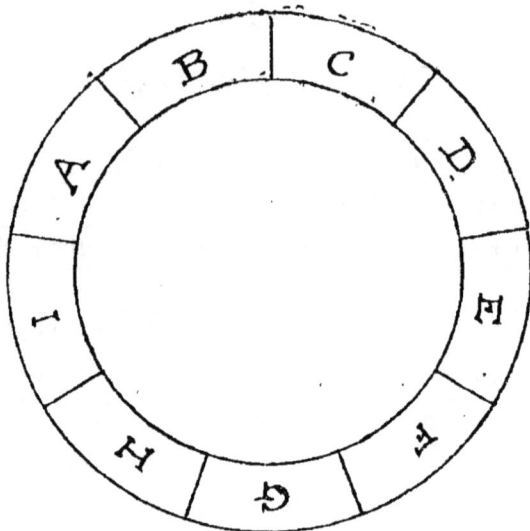

Fig. 7.

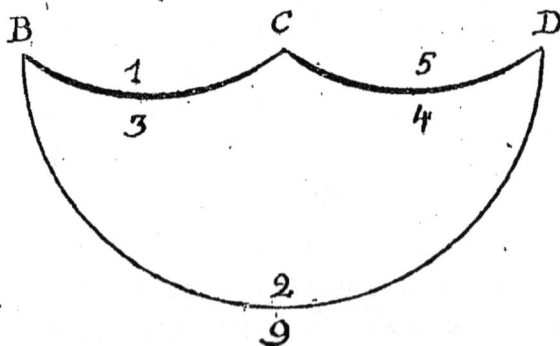

Figure de Multiplication.

ART BREF

PROLOGUE

Seigneur, par ta grâce, ta sagesse, ton amour, c'est ici que commence l'Art bref, qui est l'image de ce qui est intitulé l'Art Général. Seigneur par ta suprême perfection, commence l'Art Général dernier.

DU PROLOGUE.

But. — Nous écrivons cet Art Bref pour qu'on connaisse facilement le Grand Art. Car, la connaissance de cet Art que nous avons annoncé donne la facilité de pouvoir apprendre et savoir en plus les autres arts.

Sujet. — Le sujet de cet Art est de répondre à toutes les questions, en supposant que soit connu ce qu'indique le nom.

Division. — Ce livre est divisé en 13 parties, de même que le Grand Art.

La première partie traite de l'alphabet. La seconde des figures. La troisième des définitions. La qua-

trième des règles. La cinquième de la table. La sixième de l'évacuation de la troisième figure. La
septième de la multiplication de la quatrième figure.
La huitième du mélange des principes et des règles.
La neuvième de neuf sujets. La dixième des applications. La onzième des questions. La douzième de
l'habitation. La treizième de la façon d'apprendre
cet art. Et voici d'abord ce que nous dirons de la
première.

Ch. I.

Première partie qui traite de l'alphabet de cet art.

Utilité de l'alphabet. — Nous donnons un alphabet
de cet art, pour pouvoir par son moyen faire des
figures, et aussi mélanger les principes et les règles
afin de rechercher la vérité. Car, au moyen d'une
seule lettre ayant beaucoup de significations, l'en-
tendement est plus général pour examiner ces nombreuses significations, et même pour construire la
science.

Ce qu'il faut. — Et cet alphabet il faut en vérité
le savoir par cœur. Sans quoi l'artiste ne pourra bien
se servir de cet art.

2

Significations. — B. signifie : bonté. — différence.
— est ce que? — Dieu. — Justice. — Avarice.

C. signifie : grandeur. — concorde. — Quel? —
ange. — prudence. — gourmandise.

D. signifie : fermeté. — contradiction. — de qui?
— ciel. — courage. — luxure.

E. signifie : puissance. — commencement. — c'est
pourquoi. — homme, — tempérance. — orgueil.

F. signifie : sagesse. — milieu. — combien? —
faculté imaginative. — foi. — méchanceté.

G. signifie : volonté. — fin. — quel? — faculté sensitive. — espérance. — envie.

H. signifie : vertu. — majorité. — quand? — fa-
cuté végétative. — charité. — colère.

I. signifie : vérité. — égalité. — où? — faculté élémentative. — patience. — mensonge.

K. signifie : gloire. — minorité. — comment et
avec quoi? — faculté instrumentative. — piété. —
inconstance.

CH. II.

Deuxième partie, traitant des figures et pre-mièrement de la première.

Sujet : 1re *figure.* — Cette partie est divisée en
quatre parties : savoir, en quatre figures ; la pre-

mière figure tient de A. Cette figure contient en elle
neuf principes : savoir : bonté, grandeur, etc..., et
neuf lettres, savoir : b. c. d. e. etc...

Pourquoi elle est circulaire. — Cette figure est en
forme de cercle parce que le sujet est changé de sens
d'après ce que l'on le tourne, comme lorsqu'on dit :
la bonté est grande et la grandeur est bonne, et ainsi
des autres.

Usage. — Dans cette figure, l'artiste recherche le
rapport naturel entre le sujet et l'affirmation, la disposition et la proportion, afin que, pour en tirer la
conclusion, il puisse trouver le terme milieu. Car un
principe quelconque, pris en lui-même, est absolument général, ainsi quand on dit bonté et grandeur.
Quand un principe est accolé à un autre, il en est
alors complémentaire, ainsi quand on dit : grande
bonté etc..,

Echelles. — Mais quand un principe est accolé à
quelque chose de spécial, alors ce principe est différencié, ainsi quand on dit la bonté de Pierre est grande ;
et ainsi l'intelligence a une échelle pour monter et
descendre d'un principe tout à fait général à un qui
n'est pas absolument général ni tout à fait spécial,
et d'un qui n'est pas tout à fait général ni tout à fait
spécial, à un qui est tout à fait spécial ; c'est ce qu'on
peut dire de la façon de monter cette échelle.

Amplitude. — Dans les principes de cette figure est comprise toute chose. Car toute chose existante est bonne ou mauvaise etc... Ainsi Dieu et Ange sont bons et grands, etc. c'est pourquoi tout ce qu'on peut rapporter à quelque chose revient aux principes ci-dessus énoncés.

Cɦ. III.

De la seconde figure dont le signe est T.

La seconde figure est dénommée par T. Elle comprend trois triangles et ce qui est général en toutes choses.

1. Le triangle vert. — Son contenu. = Subdivision des angles. — Le premier triangle se compose de différence, concordance, contradiction ; en lui toute chose se retrouve selon sa manière ; car tout ce qui existe, existe soit en différence, soit en concordance, soit en contradiction ; et l'on ne peut rien trouver qui ne soit contenu dans ces principes.

Cependant il faut savoir qu'un angle quelconque de ce triangle a trois aspects ; car il y a une différence entre sensible et sensible, comme par exemple entre pierre et arbre. Il y a une différence entre sensible et intellectuel, ainsi entre corps et âme.

Enfin entre intellectuel et intellectuel comme entre
Âme et Dieu, ou entre ange et ange, ou entre Dieu
et ange, et ainsi on peut parler d'une façon ou d'une
autre par concordance ou contradiction.

Echelle. — Et cette différence qui existe en un angle
quelconque de ce triangle, est l'échelle de l'intelligence par laquelle il monte et descend, pour trouver
le milieu naturel entre le sujet et l'affirmation, et
par ce moyen établir ses conclusions et ses affirmations, et c'est là ce qu'on peut dire de la manière
de l'échelle de concordance et de contradiction.

2. *Triangle rouge.* — L'autre triangle se compose
de commencement, milieu, fin ; tout ce qui existe
s'y trouve contenu, car tout ce qui existe se trouve
dans le commencement, le milieu ou la fin, et hors
de ces principes, on ne peut rien trouver.

Dans l'angle commencement, cause signifie cause
efficiante, matérielle, formelle, finale. Quantité et
temps signifient neuf autres affirmations et ce qui
peut y être rapporté.

Dans l'angle milieu, sont les trois aspects du milieu, comme par exemple le milieu de conjonction
qui se trouve entre le sujet et l'affirmation, ainsi
quand on dit : l'homme est un animal. Car entre
l'homme et l'animal il y a des termes moyens, tels

que la vie et le corps, sans lesquels il ne peut y avoir d'animal.

De même pour le milieu de mesure qui existe par le moyen de l'acte qui est entre celui qui agit et celui qui supporte l'acte, ainsi aimer entre celui qui aime et celui qu'on aime. Il y a encore le milieu d'extrémités, comme la ligne entre deux points. Et cet angle de milieu est une échelle générale pour l'intelligence.

L'angle fin a trois aspects.

Le premier est la fin de privation qui signifie l'état propre, et ce qui est dans le temps passé, ainsi la mort qui termine la vie.

Le second aspect est la fin de terminaison qui signifie les extrémités : ainsi les deux points par lesquels se termine la ligne; ainsi aimer entre aimant et aimé.

Le troisième aspect est la fin de perfection, qui est la fin dernière : ainsi l'homme, fait pour multiplier son espèce, et comprendre Dieu pour l'aimer, l'adorer, le chérir, et des choses de ce genre, et cet angle fin est une échelle générale pour l'intelligence.

3. *Triangle jaune.* — Le troisième triangle se compose de majorité, égalité, minorité et est général pour toutes choses à sa manière. Car toute chose se trouve en majorité, égalité ou minorité.

La majorité a trois aspects.

Le premier est celui de la majorité entre substance et substance, comme par exemple entre la substance du ciel qui est supérieure à la substance du feu.

Le second aspect est celui de la majorité entre substance et événement : puisque la substance est supérieure par sa quantité, car la substance existe en elle-même et l'événement non.

Le troisième aspect est celui de la majorité entre événement et événement, ainsi comprendre est supérieur à voir, et voir à courir. Et ce qu'on dit de la majorité on peut également le dire de la minorité ; car elles sont en corrélation.

L'angle égalité a trois aspects.

Le premier, quand les choses sont égales par la substance, ainsi Pierre et Martin qui sont égaux en substance.

Le second quand la substance et l'événement sont égalisés : ainsi la substance et sa quantité.

Le troisième quand il y a égalité entre événement et événement ; ainsi comprendre et aimer qui sont égaux en objet : et cet angle d'égalité est une échelle pour l'intelligence, par laquelle elle monte et descend, comme on l'a dit pour les autres triangles ; quand l'intelligence monte à des objectivités générales, elle-même est générale ; quand elle descend à des particularités, elle est particulière.

Usage de la figure T. — Cette figure de T peut s'accommoder à la première figure; car c'est par la différence qu'on distingue entre bonté et bonté, et grandeur et grandeur, etc.

Et par cette figure jointe à la première, l'intellect acquiert la science, et parce que cette figure est générale, pour cette raison l'intellect se généralise.

Cн. IV

De la troisième figure.

Origine. — La troisième figure est composée de la première et de la seconde. Car B qui est dans cette figure équivaut à B qui est dans la première et dans la seconde, et ainsi des autres lettres. Elle contient 36 chambres; comme on le voit, une chambre a beaucoup de significations diverses, par suite des deux lettres qu'elle contient. Ainsi la chambre BC a des significations nombreuses et diverses données par BC, de même la chambre BD a des significations nombreuses et diverses données par BD, etc..... et B a déjà paru dans le précédent alphabet; dans quelque chambre que ce soit sont deux lettres qui y sont contenues : elles signifient le sujet et l'affirmation entre lesquels l'artiste cherche le milieu par lequel le sujet et l'affirmation sont rejoints : ainsi

la bonté et la grandeur sont rejoints par la concordance et quelque chose de ce genre. Ainsi l'artiste
entend établir ses conclusions et ses affirmations.
Dans cette figure il est signifié qu'un principe quelconque s'attribue à un principe quelconque : Ainsi
B auquel est attribué CD, et C auquel est attribué
BD, etc....., commeil appert dans la figure.

Usage. — La raison en est qu'il faut que l'intelligence connaisse un principe quelconque au moyen
de tous les principes. Et nous allons en donner
l'exemple pour la bonté, de laquelle nous ferons le
sujet d'affirmation des autres principes.

Exemple. — La bonté est grande, la bonté est
durable, la bonté est puissante, la bonté est connais-
sable, la bonté est aimable, la bonté est vertueuse ;
la bonté est vraie, la bonté est glorieuse, la bonté
est différente ; la bonté est concordante, la bonté est
contrariante ; la bonté est principiante, la bonté
est mendiante, la bonté est finale ; la bonté est cause
de majorité, la bonté cause l'égalité, la bonté cause
la minorité. Et ce que nous venons de dire de la
bonté, on peut le dire aussi de chaque principe à sa
manière.

Etendue de ce principe. — Cette figure est très générale, et par son moyen l'intellect est très général
pour établir les sciences.

Condition. — La condition de cette figure est qu'une chambre ne doit pas être en contradiction avecune autre, mais en accord mutuel pour la conclusion. Ainsi la chambre BC et les autres; et à cette condition créé à l'esprit des conditions pour l'établissement de la science.

Ch. V.

De la quatrième figure.

Trois cercles ou orbes. — La quatrième figure a 3 cercles dont le cercle supérieur est immobile, et les deux inférieurs sont mobiles, comme on le voit dans la figure. ·

I. *Révolution.* — Le cercle du milieu est sous le cercle supérieur il est immobile comme par exemple, quand le C est sous le B, et le cercle inférieur est sous le cercle médian, comme quand le D est sous le C, alors se forment neuf chambres; BCD est une chambre, CDE en est une autre, et ainsi de suite des autres. E du cercle inférieur est placé sous le C du cercle médian, alors se forment neuf autres chambres, dont BCE est une et CDF une autre.

Usage. — Et quand toutes les lettres du cercle inférieur se seront rencontrées avec B du cercle supérieur et C du cercle médian, alors on dira que C est le terme moyen entre B et D, parce que B et D sont en relations mutuelles par ce que signifie C, et ainsi des autres chambres ; et par le moyen de ces chambres, l'homme poursuit les conclusions nécessaires et les trouve.

II. *Autres révolutions.* — Ensuite, les lettres se rencontrent avec B du même cercle supérieur, et D du cercle médian, et ainsi les autres du cercle médian et du cercle inférieur étant changées, le B du cercle supérieur restant immobile, jusqu'à ce que l'on parvienne avec B du cercle supérieur à l'I du cercle médian et au K du cercle inférieur ; on obtiendra deux cent cinquante deux chambres.

Cette figure est plus générale que la troisième, parce que dans une chambre quelconque de cette quatrième figure il y a trois lettres, alors que dans un chambre quelconque de la troisième figure il n'y a que deux lettres, c'est pourquoi l'esprit est plus général par la quatrième figure que par la troisième.

Condition. — La condition de la quatrième figure est que l'esprit applique les lettres qui paraissent le plus à propos pour le but proposé, et la chambre de

trois lettres étant faite, qu'il tire des lettres leur
signification en ayant égard à la convenance qui
peut exister entre le sujet et l'affirmation, en évi-
tant leur non convenance ; à cette condition l'esprit
établit la connaissance au moyen de la quatrième
figure, et reçoit beaucoup d'arguments pour la
même conclusion.

Remarque nécessaire pour les 4 figures. — Nous
avons dit de ces quatre figures qu'il faut les savoir
par cœur, sans quoi l'artiste ne peut user de cet art,
ni le pratiquer.

Ch. VI.

Des définitions. — Ce qui forme la troisième partie.

But et usage. — Dans cet art, les principes en
sont définis, pour, au moyen des définitions, faire
connaître ces dits principes et pour que l'homme
en use dans l'affirmation ou la négation, en telle
manière que ces définitions restent intactes.

A de telles conditions l'intelligence établit la
science, et en trouve les moyens.

Et il détruit l'ignorance qui est son ennemie.

La Bonté est un être par lequel le bien agit d'une

façon bonne ; ainsi le bien est l'être, le mal le non-être.

La Grandeur est la raison pour laquelle la bonté, la durée, etc., sont grandes, car elle environne toutes les extrémités du Être.

La Durée est la raison qui fait durer la bonté, la grandeur, etc.

La Puissance est l'être par lequel la bonté, la grandeur, etc., peuvent exister et agir.

La Sagesse est ce qui fait que le savant peut comprendre.

La Volonté est ce qui fait désirer la bonté, la grandeur, etc.

La Vertu est l'origine de l'union, de la bonté, de la grandeur et des autres princ'pes.

La Vérité est ce qui est véritable de la bonté, de la grandeur, etc.

La Gloire est la délectation où se viennent reposer la bonté, la grandeur, etc.

La Différence est la raison pour laquelle la bonté, etc., sont des raisons non confuses et claires.

La Concordance est la raison pour laquelle la bonté et le reste s'accordent en un seul et en plusieurs.

La Contrariété est la résistance mutuelle de certains principes en vue de fins diverses.

Le Commencement est ce qui se trouve en toutes choses pour établir une Priorité.

Le Milieu est le sujet où la fin agit sur le commencement et où le commencement réagit sur la fin, et il sait la nature de l'un et de l'autre.

La Fin est le repos du commencement.

La Majorité est l'image de l'immensité, de la bonté, de la grandeur, etc.

L'Égalité est le sujet où se repose la fin de la concordance, de la bonté, etc.

La Minorité est ce qui n'entoure rien.

Nous avons dit des définitions des principes, qu'il faut les savoir par cœur, leur ignorance rend cet art impossible à apprendre.

Ch. VII.

Quatrième partie traitant des règles.

Dix questions générales. — Les règles de cet art sont dix questions générales, auxquelles se ramènent toutes les autres questions qui peuvent être faites, les voici :

Est-ce qu'il est, qu'est-il, de qui est-il, pourquoi est-il, de quelle grandeur est-il, quel est-il, quand est-il, où est il, comment est-il, avec quoi est-il?

Subdivision. — Chacune de ces questions a ses aspects?

B. « *Est-ce que ?* »

« Est-ce que? » a trois aspects : dubitatif, affirmatif et négatif. De telle sorte que l'intellect suppose dès le principe *est-ce que* une partie est possible, et ne se lie pas à croire, ce qui n'est pas son action naturelle, mais à comprendre, et ainsi reçoit la partie avec laquelle il peut le plus comprendre, car celle-là il faut qu'elle soit vraie.

C « *que ?* »

« Que ? » a quatre aspects :

Le premier définit : ainsi quand on cherche « qu'est l'intelligence. »

La réponse est qu'elle est la puissance à laquelle il appartient proprement de comprendre.

Le second aspect se trouve lorsque l'intelligence cherche ce qu'elle a eu, elle, de coessentiel.

La réponse est qu'elle possède les facultés corrélatives, d'intellectuel, d'intelligible et d'intelligent, sans lesquelles elle ne peut exister ; sans elles, en effet, elle serait neutre, sans nature, fin ni repos.

Le troisième aspect se présente lorsqu'on cherche ce qui existe dans un autre sujet. Ainsi quand on se demande « Qu'est l'intelligence dans un autre sujet? » La réponse est que l'intelligence est bonne

dans la bonté, grande dans la grandeur, etc.,
propre à la grammaire dans la grammaire, à la
logique dans la logique, à la rhétorique dans la
rhétorique.

Le quatrième aspect se présente quand on recherche ce que possèdent les choses qui sont dans
un autre sujet. Ainsi : « Qu'a » l'intelligence dans un
sujet différent d'elle? Réponse, dans la science, la
faculté de comprendre, dans la croyance, la foi.

D « *De qui?* » (Voir trait. de cabal., 2 ch. 3,
tr. 7, ch. 6, sujet   .

« De qui ? » a trois aspects :

D'abord le premier, comme quand on dit : de qui
vient l'intelligence. La réponse est qu'elle vient
d'elle-même, puisque elle ne procède naturellement
de rien de général.

Le second aspect apparaît quand on recherche
de quel état spécialement est une chose. Ainsi de
quel état est l'intelligence. Réponse, elle est de forme
et de matière propres à son espèce, par le moyen
desquelles elle a la faculté propre à son espèce de
comprendre.

Le troisième aspect quand on cherche à qui appartient une chose. Ainsi quand on cherche à qui appartient l'intelligence. Réponse, à l'homme comme une

partie de tout son être, comme un cheval à son
maître.

E. Pourquoi?

La quatrième règle, « pourquoi? » a deux aspects,
l'un formel, l'autre final.

L'aspect formel quand on cherche pourquoi une
chose est. Ainsi : pourquoi l'intelligence est-elle
ainsi? Réponse, elle est de matière et de forme propres à elle, avec lesquelles elle a la spécialité propre
à elle de comprendre, et avec lesquelles elle agit en
sa spécialité. Le second aspect est la considération
de la fin. Ainsi quand on cherche pour quel but
l'intelligence existe? Réponse, pour que les objectivités soient intelligibles, et que la science des
choses puisse s'établir.

F. « Combien » « De quelle grandeur? »

La cinquième règle s'occupe de la quantité et a
deux aspects. Premièrement quand on s'occupe de
quantité continue, ainsi quand on dit « quelle est la
grandeur de l'intelligence ». Réponse : aussi grande
qu'elle peut être faite par une quantité spirituelle,
et non par des limites faites de points ou de lignes.
Deuxièmement, quand on s'occupe de quantités dis-
continues.

Ainsi « quelle est la grandeur quantitative de l'intelligence ». Réponse, aussi abondante qu'elle

compte de facultés corrélatives, en lesquelles son
essence est diffusée et substantiée : les facultés
intellectuelles, intelligibles et celle de comprendre,
aux moyens desquelles elle possède la théorie et la
pratique du particulier et du général.

G. Quel?

La sixième règle qui s'occupe de la qualité a deux
aspects. Le premier quand par exemple on cherche
quelle est la qualité propre et première de l'intelligence. Réponse, l'intelligibilité qui lui donne la possession d'elle-même. Car la faculté de comprendre
est une propriété seconde et plus éloignée que celle-
là, par laquelle l'homme conçoit ce qu'est un homme,
un lion, etc... D'où la faculté de comprendre est la
possession intrinsèque et en substance de l'esprit
lui-même. De même pour ce qui lui est intelligible
extérieurement.

Le second aspect quand on cherche quelle est la
qualité appropriée à cette même intelligence. Réponse, croire, douter ou supposer. Ces actes n'appartiennent en effet pas à l'intelligence en propre,
mais à la faculté de comprendre.

H. Quand?

La septième règle s'occupe du temps. Elle a quinze
aspects, on le voit dans le Grand Art, signifiés par
lettres C. D. K. Mais comme cet art est bref, nous

traiterons de cette règle en brèves paroles. Ainsi
quand on cherche comment l'esprit existe dans le
temps, alors qu'il n'est localisé ni par points ni par
lignes. Réponse, il existe dans le temps parce qu'il
a un commencement et un état de nouveauté, et il
demeure dans le temps par la succession de ce dernier, au moyen du corps qui se meut, auquel il est
lié.

I. « Où »?

La huitième règle s'occupe du lieu. Elle a quinze
aspect représentés par les lettres C. D. K., comme
le montre le Grand Art. Exemple, on cherche « où
est l'esprit? » Nous répondrons brièvement qu'il se
trouve dans le sujet dont il s'occupe, comme une
partie dans sa totalité, non renfermé, mais diffusé
en lui. Car l'esprit n'a pas d'essence fournie par des
points, des lignes ou des surfaces.

K. Comment?

K. contient deux règles, l'une de mode, l'autre de
moyen.

La règle de mode a quatre aspects. Ainsi quand on
cherche de quel mode est l'intelligence : en partie,
une partie dans une partie, une partie dans la totalité, la totalité dans ses parties, et de quelle mode
la totalité transmet hors d'elle-même sa ressemblance. A quoi on répond qu'on le suppose existant

par le mode qui résulte des aspects précédents, et
que son mode de comprendre est de trouver le
terme moyen entre le sujet et l'affirmation désigné
dans les figures et de multiplier les aspects étrangers abstraits par sa sensation ou son imagination,
et ils sont ainsi caractérisés et compris dans son
intellect particulier.

K. Avec quoi?

La seconde règle de K a quatre aspects, ainsi
quand on cherche par quel moyen est l'intelligence,
une partie dans une partie, des parties dans la totalité, le tout dans ses parties, et avec quoi elle com-
munique au dehors sa ressemblance. Réponse, elle
existe par le moyen de ses propriétés corrélatives
sans lesquelles elle ne peut existor ni comprendre.

Elle comprend par le moyen des aspects étrangers,
dont elle fait les instruments de sa compréhension.
Voilà ce que nous avons à dire des règles qui résol-
vent les questions à l'intelligence : en réduisant ces
questions aux règles, en considérant ce que signifie la règle, et subsidiairement quel est son aspect,
en réduisant la question proposée aux principes
et aux règles, l'esprit tenu dans le doute par cette
question, la choisit au moyen des définitions des
principes, et comprendsi intelligiblement est affirmative ou négative. Ainsi l'intelligence est séparée
du doute.

Ch. VIII.

Cinquième partie qui traite de la Table.

Usage. — Cette table est le sujet dans lequel l'intelligence se fait universelle, parce qu'il comprend et abstrait par lui-même beaucoup de particularités de toute matière, en appliquant à une question quelconque vingt systèmes, et en considérant cette question, un seul système est renfermé dans chacune des chambres de la même colonne.

20 Systèmes applicables à n'importe quelle question. — On voit que cette table a sept colonnes, qui synthétisent quatre-ving-quatre colonnes données dans le Grand Art. Dans cette table, le T indique que les lettres qui sont avant lui sont de la première figure, celles qui sont après lui sont de la seconde.

Ascension, descension, union. — Dans cette table l'esprit est ascendant ou descendant. Ascendant quand il monte aux questions premières et plus générales. Descendant, quand il descend aux questions ultimes et particulières. Il est unitif encore. Car il unit les colonnes. Ainsi la colonne B. C. D. est unie à la colonne C. D. E. et ainsi des autres.

Ch. IX.

Sixième partie traitant de l'Evacuation de la troisième figure.

Dans la troisième figure, l'esprit évacue les chambres, en ce qu'il en abstrait tout ce qu'il peut, en recevant de chaque chambre ce que signifient les lettres, pour appliquer leur signification au but proposé. Ainsi il se fait un mode d'application, d'investigation et d'invention. Nous allons en donner l'exemple pour une chambre. Et ce qui sera pour cette chambre sera aussi pour les autres.

I. Evacuation. — de la B C, l'esprit tire 12 propositions, en disant : la Bonté est grande, la bonté est différente, la bonté est concordante ; la grandeur est bonne, la grandeur est différente, la Grandeur est concordante. La Différence est bonne, la différence est grande, la différence est concordante. La Concordance est bonne, la concordance est grande, la concordance est différente. Ces douze propositions faites en changeant le sujet en affirmation et inversement, pour que la chambre soit évacuée par les dites propositions.

2° Evacuation. — Ensuite on l'évacue des douze

moyens. On les appelle moyens, parce qu'ils sont
entre le sujet et l'affirmation avec lesquels ils
l'accordent en genre et en espèce. Par ces moyens
l'esprit peut disputer et se déterminer.

3e et 4e Evacuations. — Ceci fait, on évacue la
chambre de XXIV questions, pour que dans une
question quelconque ne soient contenues deux questions. Et cela ainsi : La Bonté est grande : — Est-ce
que la bonté est grande? Qu'est une bonté grande?
La bonté est différente : — Est-ce que la bonté est
différente? Qu'est une bonté différente? La bonté
est concordante : — Est-ce que la bonté est concordante? Qu'est une bonté concordante? La Grandeur
est bonne : — Est-ce que la grandeur est bonne?
Qu'est une grandeur bonne? La grandeur est différente : — Qu'est une grandeur différente? Est-ce
qu'une grandeur est différente? La grandeur est
concordante : — Est-ce qu'une grandeur est concordante? Qu'est une grandeur concordante? La
Différence est bonne : — Est-ce qu'une différence
est bonne? Qu'est une différence bonne? La différence est grande : — Est-ce qu'une différence est
grande? Qu'est une différence grande? La différence est concordante : — Qu'est une différence
concordante? Est-ce qu'une différence est concordante? La Concordance est bonne : — Est-ce qu'une

concordance est bonne? Qu'est une concordance
bonne? La concordance est grande : — Est-ce
qu'une concordance est grande? Qu'est une concordance grande? La concordance est différente : —
Est-ce qu'une concordance est différente? Qu'est
une concordance différente?

5e et 6e Evacuations. — Cette évacuation des questions une fois faite, l'intelligence continue par les
définitions de bonté et de grandeur et les trois
apects de différence et de concordance, comme il
appert dans la seconde figure.

7e Evacuation. — Ensuite on continue par les trois ·
aspects de la règle B et les quatre de la règle C. Et
ceci terminé, il faut résoudre les questions énoncées
dans cette évacuation, en suivant les règles condi-
tionnelles de la chambre, en affirmant ou niant.
Ainsi l'esprit chasse de la chambre ce qui est dou-
teux, et y trouve le résultat affirmatif; il reconnaît
alors combien il est devenu général et savant dans
cet art, et que c'est là pour lui une grande science.

Ch. X.

De la multiplication de la quatrième figure. Septième partie.

1° La multiplication de l'arrangement. — La multiplication de la quatrième figure consiste en ceci, que la première chambre B. C. D de la quatrième figure ou table indique que B a une manière d'être avec C et une autre avec D, C une manière d'être avec B, une autre avec D, et D une manière d'être avec B, une autre avec C. Ainsi il y a dans la même chambre six manières d'être, par lesquelles l'esprit se forme une manière d'être et se dispose à rechercher et à trouver, à faire des objections, à prouver et à déterminer.

2° Multiplication. — Après ces six manières d'être, l'esprit en découvre six autres, en tournant le cercle inférieur, et en plaçant l'E de ce dernier sous le C du cercle moyen sous lequel était le D.

Comme les chambres sont changées, les manières d'être sont aussi changées, et de même que pour celle-ci l'on découvre quinze combinaisons, de même pour les autres chambres, en multipliant les colonnes et en les tournant.

Nombre infini de ces multiplications. — Les combinaisons que l'esprit multiplie par ce moyen sont diffi-
ciles à dénombrer : car d'une chambre, on peut
tirer trente propositions et quatre-vingt-dix questions.

Multiplication de la 3e figure. — De la chambre B C
de la troisième figure on a 12 propositions et 24
questions. Par cette marche, l'esprit se voit devenir
bien plus général et artiste, qu'un autre esprit
ignorant de cet art en lui faisant voir tout ce qu'il
y a d'inconvénients et d'impossibilités.

Etendue. — Le sophiste sans principes ne peut
tenir devant cet art, car l'artiste qui sait cet art, use
de combinaisons premières et naturelles, mais le
sophiste de combinaisons secondes et hors de ce
qui est naturel, comme on le voit dans le Grand Art.

Ch. XI.

Huitième partie traitant du mélange des prin-
cipes et des règles.

1re *Utilité générale.* — Dans cette partie, on mélange un principe avec un autre, en comparant un
principe quelconque avec tous les aspects des règles.
Ainsi on acquiert notion de n'importe quel principe,

et autant de fois qu'il opère ce mélange, il en
acquiert une notion différente, et tant de moyens en
résultent pour trouver une conclusion qu'on ne sau-
rait les énumérer, car l'esprit opère l'Évacuation
du mélange lui-même, comme nous avons vu pro-
céder pour la chambre B C. Ce mélange est le centre
et le fondement de la découverte de nombreuses
propositions, questions, manières d'être, solutions,
et même objections. Mais pour être brefs, nous
renonçons à donner des exemples; l'esprit le comprend facilement, et parce que aussi dans le Grand
Art ce mode de mélange a été expliqué par des
exemples.

2º *Utilité spéciale.* — De plus ce mélange est le
sujet et le refuge de l'artiste en cet art, pour trouver à souhait ce qu'il veut. Car s'il a besoin de
quelque chose du genre de la bonté, il opèrera sur
cette bonté avec tous les principes et règles, et trou-
vera de son sujet ce qu'il aura cherché. Ce que
nous disons de la bonté, peut se dire des autres principes. Ce mélange est conditionné et ordonné
autant qu'une chose est distincte d'une autre. Si on
suit les règles et les principes avec la bonté divine,
on aura des définitions et des aspects plus élevés
que s'il s'agit de la bonté des anges, ils seront plus
élevés s'il s'agit des anges que s'il s'agit des hommes,

et plus s'il s'agit des hommes que s'il s'agit des
lions et ainsi de suite.

Ch. XII

Neuvième partie qui traite de neuf sujets.

Contenu de ces sujets — Cet art donne neuf sujets
indiqués dans l'alphabet : toutes choses sont contenues en eux, rien n'en est excepté.

Énumération. — Le premier sujet est Dieu que
représente B. Le second sujet est l'Ange qu'indique
C. Le troisième sujet est le ciel représenté par D.
Le quatrième est l'homme représenté par E. Le
cinquième la faculté imaginative représentée par
F. Le sixième la faculté sensitive, par G., Le septième, la faculté végétative par H. Le huitième la
faculté élémentative, par I. Le neuvième et dernier,
la faculté instrumentale représentée par K.

*Pourquoi ici on ne déduit pas par les principes et les
règles.* — Comme dans le Grand Art, chaque sujet
est déduit par principes et règles, nous ne le ferons
pas ici, puisque nous avons voulu faire un Art bref,
et parce que cette déduction est implicitement contenue ici puisque nous la renvoyons à l'intelligence
bien appliquée. L'exemple suffit qui est donné dans

la troisième figure, où nous appliquons à la bonté tous les principes, comme à l'intelligence toutes les règles de cet art.

Pour traiter de ces sujets, il y a quatre conditions. De sorte que l'esprit est conditionné pour examiner ces sujets au moyen des principes et des règles, suivant que chaque sujet est conditionné par sa nature et son essence. Car la bonté divine a sa condition en Dieu, la bonté angélique a sa condition en l'Ange, la bonté humaine en l'homme, et ainsi de suite pour le reste.

1° *Condition.* — La première condition est que chaque sujet ait sa définition, qui le différencie de tout autre sujet; Et si on cherche quelque chose sur ce sujet, qu'il soit répondu de telle sorte, affirmative ou négative, que les définitions des principes s'accordent avec la définition elle-même, et ainsi des règles, sans aucune atteinte aux principes ou aux règles.

2° *Condition.* — La seconde condition est de conserver dans le jugement ou la pratique la différence des sujets; ainsi la bonté divine diffère de la bonté angélique par l'infinité et l'éternité, parce qu'une telle bonté est la raison pour qu'il fasse le bien infini et éternel; la bonté angélique, au contraire, n'est que finie et récente.

3ᵉ Condition. — Les troisième condition est que la concordance entre un sujet et un autre sujet ne soit pas détruite. Ainsi la concordance entre Dieu et l'ange, qui a lieu dans le règne spirituel, et ainsi des autres.

4ᵉ Condition. — La quatrième est suivant qu'un sujet est plus élevé et plus excellent qu'un autre, on lui attribue aussi des principes et des règles plus élevés. Ainsi Dieu qui est plus élevé et plus excellent que l'ange, l'ange que l'homme, et ainsi de suite.

Cʜ. XIII

Premier sujet qui traite de Dieu.

Définition. — Dieu peut être examiné au moyen des principes et des règles, car Dieu est bon, grand, etc.., on peut en donner une multitude de définitions, mais nous en donnons ici une seule. Dieu est l'être qui hors de lui ne manque de rien, car il rassemble en lui totalement toutes les perfections. Avec cette définition, Dieu est différencié de tous les êtres, car tout ce qui existe manque de quelque chose en dehors de lui : En Dieu il n'y a ni contrariété, ni minorité, parce que ces principes sont privatifs et défectueux, mais en Dieu est la majorité, par le res-

pect des autres êtres, et l'égalité, car il a les principes égaux, c'est-à-dire la bonté, la grandeur, et
même les actions et les relations égales.

2e *Condition.* — En Dieu est la différence des corrélatifs, sans quoi ces corrélatifs ne peuvent être,
et sans eux Dieu ne pourrait avoir une action intrinsèque, infinie, éternelle ; bien plus, sans eux toutes
ces raisons seraient inutiles, ce qui est totalement
impossible.

3e *Condition.* — En Dieu est la concordance, de
sorte que par elle, il est infiniment éloigné et éternellement, de la contradiction, et ses facultés corrélatives s'accordent infiniment et éternellement en
une seule essence et nature, et voilà ce qu'on peut
dire de sa façon d'être.

4e *Condition.* — En Dieu il n'y a ni quantité, ni
temps, ni rien d'accidentel, et la raison en est que
sa substance est dégagée et dénuée de toute chose
accidentelle par ce fait qu'elle est infinie et éternelle.

Dieu étant ainsi conditionné par ces quatre conditions, l'esprit comprend qu'il possède les conditions de la connaissance de Dieu, et de ce qu'on en
peut dire au moyen des principes et des règles qui
lui sont applicables.

Comparaison avec l'Ange. — Il connaît encore et

comprend que si l'Ange possède en lui le pouvoir
naturel, et ainsi des autres, à un bien plus haut
degré, Dieu le possède, puisqu'il est un sujet plus
élevé, comme on le voit par la place qu'il occupe
du plus petit au plus grand.

Ch. XIV

Second sujet qui traite de l'ange.

L'Ange peut être examiné par les principes et les
règles car il a naturellement la bonté, la grandeur,
la durée, et voici sa définition.

Définition: 1re, 2e, 3e *conditions.* — L'Ange est un esprit
non lié à un corps. Par nature il n'y a pas de contradiction en lui, car il est incorruptible. En lui est une
matière défectueuse, car elle est susceptible de devenir meilleure, plus grande, etc... comme l'indique le
second aspect de D. L'Ange a la majorité, car il est
plus semblable à Dieu que l'homme, parce qu'il a des
principes et des règles plus excellents que l'homme.
Et cela montre à l'intelligence que si l'homme peut
se servir de sens et d'organes, il n'en résulte pas
que l'Ange ne le puisse, étant privé d'organes ;
car l'Ange est de nature supérieure ; cela montre
aussi que les Anges peuvent parler entre eux et agir

sur nous sans organes, et passer d'un lieu en un autre sans intervalle, et ainsi de suite, comme on le voit en examinant les règles.

4e *Condition.* — Dans l'Ange existe la différence.

5e *Condition.* — Car son intelligence, sa mémoire et sa volonté sont différentes entre elles. L'égalité d'intelligence, d'amour et de recommencement est dans l'Ange, dans le but de l'Objet suprême, c'est-à-dire Dieu, qui est également intelligible, aimable et recommençable.

6e *Condition.* — L'Ange est minorité, car il est créé de rien.

Ch. XV.

Troisième sujet qui traite du Ciel.

Le Ciel a la bonté par nature, la grandeur, la durée. Voici sa définition :

Le Ciel est la première substance mobile. En lui n'existe pas la contradiction. Car il n'est pas composé de principes contraires. En lui sont des instincts et des besoins naturels, par conséquent le mouvement sans lequel il ne pourrait avoir une nature, un instinct et des besoins : mais cependant en lui se trouve un principe : car il agit sur ce qui

4

lui est inférieur. Il est constitué de sa forme et de sa matière spéciale, pour qu'il agisse par son espèce. Son mouvement lui sert de fin et de repos.

Le Ciel est dans son lieu, comme le corps dans sa surface. Il est aussi dans le temps, car il est nouveau par rapport à Dieu. Et aussi parce qu'il agit de son action propre. Et ainsi à sa manière il en est de chacun des autres êtres accidentels.

Cʜ. XVI.

Quatrième sujet qui traite de l'Homme.

L'homme est composé de l'âme et du corps. C'est pourquoi on peut lui appliquer les principes et les règles de deux façons :

Définition. — Spirituellement et corporellement. Voici sa définition. L'homme est l'animal raisonnable de la forme humaine. En lui tous les principes et toutes les règles sont applicables de deux façons, à cause de la double nature, à la fois spirituelle et corporelle, qui le constitue. C'est pourquoi il est plus général que tout autre être créé, et c'est la raison qui fait faire dire sans hésitation que l'homme est la fraction du monde la plus élevée.

Cʜ. XVII.

Cinquième sujet qui traite de la faculté imaginative.

Dans l'imagination, il y a des principes et des règles spécifiques pour imaginer les choses imaginables, comme dans l'aimant il y a des propriétés pour attirer le fer. Voici sa définition :

Définition. — L'imagination est la puissance à laquelle appartient en propre la faculté de représenter par images. Elle peut donc être déduite par principes et règles convenables : l'esprit en tire des connaissances précieuses même de ce qui a rapport à lui ; elle abstrait les aspects des sensations, au moyen de sens particuliers. Et cela par l'intermédiaire de facultés corrélatives indiquées par le second aspect de la règle C. Par la bonté elle rend bons ces aspects, par la grandeur elle les rend grands : ainsi quand elle imagine une grande montagne d'or. Par la minorité, elle les rend infimes : ainsi quand elle imagine un point indivisible. Elle a l'instinct, comme les animaux brutes ont l'art de trouver leur vie, comme la chèvre d'éviter le loup. Elle a le besoin d'imaginer ce qui peut être imaginé, pour qu'elle y trouve son repos. Les sens

particuliers, lorsqu'ils reçoivent les sensations, em-
pêchent l'œuvre de l'imagination. Ainsi quand les
yeux voient les couleurs ; alors l'action de l'imagination se trouve arrêtée, parce qu'elle ne peut imaginer ce qui est déjà représenté en images en dehors
d'elle, jusqu'à ce que les yeux étant fermés, elle
reprenne sa liberté d'action et se retrouve en possession d'elle-même. La vue rend mieux compte de
la couleur que l'imagination, la sensation étant plus
forte par l'intermédiaire de ce sens. C'est par le moyen
des sens que l'imagination représente l'imaginable.
Pour ce qui est sensible, l'imagination est donc moins
puissante que la sensation. Ainsi le toucher, quand
un homme tient une pierre, sent en même temps
des choses nombreuses et diverses : le poids, la froi-
deur, les aspérités, et la dûreté. Mais l'imagination
au contraire ne sent tout cela que successivement,
et ainsi pour les autres exemples. Nous n'en dirons
pas plus parce que nous sommes bornés dans la
longueur de ce traité.

Cʜ. XIIX.

Sixième sujet qui traite de la Sensation.

Les principes et les règles s'appliquent à la sensation d'une façon spéciale, car elle a un pouvoir d'agir
au moyen de la vue, un autre au moyen de l'ouïe;
il faut ajouter qu'il y a deux propriétés : l'instinct
et le besoin. Voici la définition.

Définition. — La sensation est la puissance à qui
appartient en propre la faculté de sentir. Elle a ses
principes et ses règles spécifiques. Elle est générale
par un sens commun, et particulière par les sens
particuliers; au moyen du sens commun, elle prend
la notion des choses communes corrélatives; par les
sens particuliers elle acquiert celle des choses particulières corrélatives. La vie radicale de la sensation
vient de la vie végétative qui lui est connexe et
implantée en elle, comme la vie végétative dans la
vie élémentaire.

La sensation prend notion de l'objectivité au moyen
des sens : par la vue elle prend notion de la couleur,
par l'ouïe de la voix au moyen de la parole qui la
lui fait entendre, car sans la parole l'ouïe ne peut

être en rapport avec la voix, ainsi l'esprit connaît
que la parole est un sens.

Cʜ. XIX

Septième sujet qui traite de la faculté végétative.

Dans la faculté végétative, il y a des principes et
des règles spécifiques, d'après lesquels les plantes
agissent selon l'espèce où elles sont classées. Le
poivre agit selon son espèce, la rose selon la sienne,
le lis selon la sienne, etc...

Les principes de la faculté végétative sont plus
serrés que ceux de la faculté sensitive, et ceux de
cette dernière le sont plus que ceux de l'imagination.

Définition. — Voici la définition. La faculté végétative est la puissance de qui dépend en propre la
vie végétale. Elle donne en quelque sorte la vie végétative aux objets élémentaires, de même que la
sensation sent la vie végétative ou les objets élémentaires.

La faculté végétative transsubstantie l'élément en
son espèce, par le moyen de la génération : elle lui
donne la vie, la croissance, la nourriture : la vie

végétative disparaît et meurt, quand l'élément vient
à faire défaut. Ainsi la lumière meurt dans la
lampe, quand l'huile manque.

Ch. XX

Huitième sujet qui traite de la faculté élémentative.

La faculté élémentative a des principes et des
règles spécifiques qui lui donnent beaucoup d'aspects : aiusi il y a l'or, l'argent, etc...

Définition. — Voici la définition : C'est la puissance qui règne spécialement sur les éléments. Elle
est générale par un sens commun, particulière par
les sens particuliers : le premier lui donne notion
des corrélations communes, les autres des corrélations particulières, de même que pour la sensation.
Des éléments particuliers, de l'air, du feu, de l'eau,
de la terre, on peut donc dire qu'ils ont leurs facultés corrélatives sans lesquelles les éléments ne peuvent exister, de même que cette faculté élémentative
ne peut exister sans les éléments qui en sont les
fondements; c'est par son moyen propre, qu'elle
présente points, lignes, longueur, largeur, profondeur et volume, qualités et agencements, dûreté,

aspérité, légèreté, poids, etc... L'esprit apprend donc par là que les éléments existent dans toute chose ayant une existence élémentaire, quoique d'une façon d'étendue, car autrement elle n'aurait pas d'essence, ni aucune sorte de substance, ni forme, matière, nature, mouvement, instinct, longueur, largeur, volume, ni besoin, ce qui est absolument impossible et absurde à dire.

Ch. XXI

Neuvième sujet qui traite de la faculté instrumentative.

Ce sujet traite de ce qui sert d'instrument, et peut être envisagé de deux façons : physiquement, exemple l'œil qui est l'instrument de la vue ; et moralement, exemple la justice instrument du jugement, le marteau instrument de la fabrication.

1° *Physiquement.* — L'instrument envisagé au point de vue physique peut être déduit en sa manière spéciale au moyen des principes et règles de cet art.

2° *Moralement.* — Semblablement on peut le faire pour le second point de vue.

Or entre les deux il y a dissemblance : nous renverrons cela à l'intelligence du lecteur, et à défaut de cela, au Grand Art dans lequel nous traitons longuement des instruments mentaux, mais comme des choses mentales, mention est faite dans l'Alphabet, nous allons donner une définition des instruments moraux, de façon que l'artiste en possède une claire notion.

La faculté instrumentative est la puissance par laquelle le mental agit mentalement.

La justice, est le mode suivant lequel le juste agit justement.

La prudence est le mode suivant lequel l'homme prudent agit prudemment.

Le courage est le mode suivant lequel l'homme courageux agit virilement.

La tempérance est le mode suivant lequel l'homme tempérant agit avec modération.

La foi est le moyen par lequel on croit à la réalité d'une chose qu'on ne sent ni ne comprend.

L'espérance est le moyen qui fait croire en le pardon du Seigneur, et à attendre la gloire, en donnant la confiance en l'Ami bon et tout-puissant.

La charité est la vertu par laquelle celui qui possède des biens propres, les partage avec les autres hommes.

La patience est le mode par lequel l'homme patient obtient la victoire et échappe à la défaite.

La pitié fait compatir aux malheurs de son pro-
chain.

L'avarice fait que le riche est pauvre et mendiant.

La gourmandise emprisonne le gourmand, et, en
fin de compte le rend infirme et miséreux.

La luxure fait que l'homme use indûment de ses
forces, contre l'ordre du mariage.

L'orgueil fait que celui qu'il possède s'efforce de
dominer les autres, c'est le contraire de l'humilité.

La méchanceté fait que l'homme méchant se cha-
grine du bonheur d'autrui, et se réjouit de ses
maux.

L'envie fait désirer injustement le bien d'autrui.

La colère fait que l'homme enchaîne sa raison et
sa liberté.

Le mensonge fait parler et témoigner contre la
vérité.

L'inconstance rend l'homme variable et changeant d'idées.

Voilà ce qu'il y avait à dire de ces neuf sujets
dont l'artiste peut acquérir la notion en employant
les principes et les règles de cet art.

CH. XXII

Dixième partie traitant des applications.

Division. — L'application sé divise en trois parties :

Premièrement, quand on applique l'implicite à
l'explicite.

Deuxièmement, quand on applique l'abstrait au
concret.

Troisièmement, quand on applique une question
à un sujet de cet art.

1º *L'implicite à l'explicite.* — D'abord, pour la
première partie, voici ce qu'il y en a à dire. Si les
termes de la question sont implicites, ils s'appliqueront à des termes explicites de cet art. Ainsi
quand on cherche : Est-ce que Dieu existe ? ou bien :
Est-ce que l'Ange existe? et ainsi de suite. Ces
questions l'appliqueront à la bonté, à la grandeur,
c'est-à-dire : Est-ce que il est bon et grand d'être
Dieu et d'être Ange?

2º *L'abstrait au concret.* — Pour la seconde partie,
on peut en dire ceci. Si les termes de la question
sont abstraits, on peut les appliquer à leurs termes
concrets : ainsi la bonté au bien, la grandeur à ce
qui est grand, la couleur à ce qui est coloré, et ainsi

de suite, on voit ainsi dans quel rapport se trouve
le terme concret envers le terme abstrait, en les
examinant au moyen des principes et des règles.

3. Cinq sujets. — La troisième partie qui traite des
applications à des sujets, se divise en treize parties
qui sont : la première figure, la seconde, la troisième, la quatrième. Les définitions, les règles, la
table. L'évacuation de la troisième figure. La multiplication de la quatrième. Le mélange en la quatrième des principes et des règles. Les neuf sujets.
Les Cent formes et questions.

A ces treize parties s'appliquent les matières des
questions selon ce qui est fait pour elles. Car si la
matière de la question est faite pour la première
figure, on l'appliquera à cette première figure, et la
réponse à cette question sera tirée du texte de cette
figure, de telle façon que, soit l'affirmative soit la
négative laisse intact ce texte. Et ce que nous avons
dit de la première figure peut se dire des autres
parties, chacune en sa manière. Et en raison de la
brièveté qui nous est imposée, cela suffira pour
traiter de l'application.

Et si l'intelligence de l'artiste ne sait s'y prendre
pour l'application des termes, qu'il recoure au Grand
Art, où il est traité plus longuement de ce sujet.

Cᴴ. XXIII.

Les cent formes.

Dans cette partie, sont donnée cent formes avec
leur définition, afin que le sujet soit élargi pour
l'intelligence. Car la définition des formes offre à
l'intelligence les conditions pour les examiner par
principes et par règles : et un tel examen donne à
l'esprit la notion claire des formes proposées dans
les questions. Voici quelles sont les cent formes avec
leurs définitions.

1. L'entité est la chose existante qui fait qu'un
être est la cause d'un autre être.

2. L'essence est la forme abstraite de l'être et y
contenue en lui.

3. L'unité est la forme à qui proprement appartient d'unifier.

4. La pluralité est la forme d'un aggregat de
choses multiples différentes de nombre.

5. La Nature est la forme à laquelle il appartient
en propre de constituer.

6. Le genre est ce qui ressort de la considération
et de la très grande confusion de plusieurs choses
différentes d'espèce.

7. L'espèce est ce qui est montré par plusieurs

choses différentes de nombre.

8. L'individualité est la chose qui plus que toute autre chose est éloignée du genre.

9. La propriété est la forme par laquelle l'agent agit spécifiquement.

10. La simplicité est la forme qui plus que toute autre chose est éloignée de l'assemblage.

11. L'assemblage est la forme de la réunion de plusieurs essences.

12. La forme est l'essence par laquelle l'agent agit sur la matière.

13. La matière est l'essence simplement passive.

14. La substance est la chose existant par elle-même.

15. L'accident est la forme qui n'existe pas par elle-même et qui n'a pas de fin principale en elle-même.

16. La quantité est l'entité qui fait le sujet de quantité, par elle, ce sujet forme les quantitatifs.

17. La qualité est l'entité par la raison de laquelle les principes sont qualitatifs.

18. La relation est la forme respective composée de beaucoup de choses diverses sans lesquelles elle ne peut être.

19. L'action est la forme inhérente à ce qui s'étend.

20. La passion en est le soutien.

21. Le caractère est la forme que revêt le sujet.

22. La situation est la position des parties justement ordonnées dans le sujet où elles se trouvent.

23. Le temps est l'entité dans laquelle les êtres créés sont commencés et nouveaux. Ou encore le temps est l'entité composée actuellement de nombreux éléments, selon le passé et l'avenir.

24. Le lieu est l'entité accidente par laquelle les êtres sont localisés. Ou encore le lieu est la surface ambiante et contenant immédiatement les parties intrinsèques d'un corps.

25. Le mouvement est le moyen par lequel le moteur meut le mobile. Ou encore le mouvement est ce qui donne connaissance de la nature du commencement, du milieu et de la fin.

26. L'immobité est l'entité qui n'a nulle attraction vers le mouvement.

27. L'instinct est la figuration et la ressemblance de l'intelligence.

28. Le désir est la forme et la ressemblance de la volonté.

29. L'attraction est la forme par laquelle l'attracteur attire l'attiré. Ou encore, l'attraction est une forme qu'a le désir et l'instinct d'attirer quelque chose vers le sujet.

30. La reception est la forme par laquelle le recevant reçoit la chose reçue. Ou encore c'est une forme

ayant l'instint et le désir de recevoir quelque chose
dans le sujet.

31. Le fantôme est la ressemblance qu'abstrait des
choses l'imagination.

32. La plénitude est la forme opposée à la vacuité.

33. La diffusion est la forme avec laquelle la chose
diffusante diffuse ce qui est diffusible.

34. La digestion est la forme par laquelle la chose
digérante digère le digestible.

35. L'expulsion est la forme avec laquelle la nature
rejette ce qui n'est pas compatible au sujet.

36. La signification est la révélation des choses
secrètes démontrées par le signe.

37. La beauté est une forme brillante reçue par
la vue, l'ouïe, l'imagination, la conception ou le
charme.

38. La nouveauté est la forme par la raison de
laquelle le sujet est revêtu de nouvelles formes.

39. L'idée, en Dieu, est Dieu. L'idée dans la création est créature.

40. La métaphysique est la forme avec laquelle
l'intelligence humaine dégage le sujet des accidents.

41. L'entité existant dans la puissance est la forme
qui existe dans le sujet sans mouvement, quantité,
qualité et autre chose de ce mode.

42. La ponctuité est l'essence du point naturel
d'une plus petite partie d'un corps.

43. La ligne est la longueur constituée de plusieurs points continus : ses extrémités sont deux
points.

44. Le triangle est la figure ayant trois angles
aigus contenus entre trois lignes.

45. Le quadrangle est la figure ayant quatre angles droits.

46. Le cercle est la figure conformée par une ligne
circulaire.

47. Le corps est une substance pleine faite de
points, de lignes et d'angles.

48. La figure est la chose accidente constituée
par la situation et le mode.

49. Les directions générales sont au nombre de
six ; le corps en est le centre par lignes diamètrales.

50. La monstruauté est une déviation de mouvement de la nature.

51. La dérivation est un sujet général par quoi
le particulier sort de l'universel.

52. L'ombre est le mode de la privation de lumière.

53. Le miroir est le corps diaphane fait de sorte
qu'il reflète toutes les figures qui lui sont présentées.

54. La couleur est le mode renfermé par la figure.

55. La proportion est la forme à qui appartient
en propre de proportionner.

56. La disposition est la forme à qui proprement
appartient de disposer.

57. La création dans l'éternité est idée ; dans le temps elle est créature.

58. La prédestination dans la sagesse divine est idée : dans la création elle est créature.

59. La miséricorde dans l'éternité est idée : dans le prédestiné elle est créature.

60. La nécessité est la forme qui n'a qu'une façon d'être. Mais la nécessité est l'entité qui se contient elle-même.

61. L'ordre est la forme à laquelle appartient en propre d'ordonner. Ce qui est ordonné est son sujet propre.

63. Le conseil est une proposition dubitante, la résolution en est le repos.

64. La grâce est la forme première placée dans celui qui reçoit la grâce sans qu'il y ait mérite de sa part.

65. La perfection est la forme à laquelle appartient en propre d'accomplir la chose parfaite dans le sujet parfait.

66. La déclaration est la forme dans laquelle l'intelligence se repose par suite de la distinction ce qui est déclaré est le sujet dont la déclaration est le mode.

67. La transsubstantiation est l'acte de la nature dépouillant une forme ancienne pour en revêtir une nouvelle.

68. L'altération est la forme naissante de ce qui est altéré.

69. L'infinité est la forme qui revêt un acte infini opposé et éloigné toute chose finie.

70. La déception est le mode positif de ce qui trompe; c'est le mode privatif de ce qui est trompé.

71. L'honneur est le mode actif de celui qui honore, le mode passif de celui qui est honoré.

72. La capacité est la forme par laquelle celui qui est capable peut autant contenir et recevoir de choses qu'il peut lui en arriver.

73. L'existence est la forme avec laquelle l'être existe dans ce qu'il est. L'agent est la forme qui meut ce qui existe vers un but et dans un but.

74. La compréhension est la forme de la ressemblance du fini et de l'appréhension du fini.

75. L'invention est la forme avec laquelle l'esprit découvre ce qui est découvrable.

76. La similitude est la forme par laquelle l'assimilant s'assimile ce qui lui est assimilable.

77. L'antécédent est la forme qui cause le conséquent. Le conséquent est la forme en qui se repose l'antécédent.

78. La puissance est la forme par laquelle l'esprit atteint l'objet. L'objet est le sujet en qui l'esprit trouve son repos.

L'acte est la connexion de la puissance et de l'objet.

79. La génération, dans les créatures, est la forme avec laquelle l'agent cause des formes nouvelles. La corruption est la forme avec laquelle l'agent corrupteur détruit les formes anciennes. La destruction (privation) tient le milieu entre les deux.

80. La théologie est la science qui parle de Dieu.

81. La philosophie est la science par laquelle l'esprit démêle toutes les sciences.

82. La géométrie est l'art de mesurer les lignes, angles et figures.

83. L'astronomie est l'art qui fait connaître à l'astronome les vertus et les mouvements effectifs du ciel en ses parties inférieures.

84. L'arithmétique est l'art de dénombrer un grand nombre d'unités.

85. La musique est l'art d'ordonner beaucoup de voix pour concorder en un seul chant.

86. La rhétorique est l'art par lequel le rhéteur orne et colore sa parole.

87. La logique est l'art par lequel le logicien trouve la conjonction naturelle entre le sujet et l'affirmation.

88. La grammaire est l'art de trouver la manière de bien parler et de bien écrire.

89. La moralité est la façon d'agir de manière bonne sans faire le mal.

90. La politique est l'art avec lequel les bourgeois trouvent le bien public de la cité.

91. Le droit est l'acte régulier de l'homme qui sait la justice.

92. La médecine est le mode par lequel le médecin donne la santé à celui qui souffre.

93. Le régime est la forme avec laquelle le prince gouverne son peuple.

94. Le service militaire est le mode par lequel le soldat obéit au prince pour que celui-ci puisse conserver la justice.

95. Le commerce est le mode par lequel le marchand sait acheter et vendre.

96. La navigation est l'art par lequel les marins savent se diriger sur la mer.

97. La conscience est la forme avec laquelle l'intelligence reproche à l'âme les choses commises.

98. La prédication est la forme avec laquelle le prédicateur avertit le peuple de conserver de bonnes mœurs et d'éviter les mauvaises.

99. L'oraison est la forme avec laquelle celui qui prie parle à Dieu saintement.

100. La mémoire est l'entité qui fait souvenir des choses existantes.

Ch. XXIV.

Onzième partie qui traite des questions.

Division. — Celte partie se divise en 12 parties
disposées et rapportées aux questions selon les
diversités de la matière dont elles font partie. Car
dans une partie est donnée la signification et la
sclution d'une question, et dans une autre partie,
la solution d'une autre question. C'est pourquoi il y a
divers modes d'application des questions, à ces diverses parties : il y a deux modes : nous ferons certaines
questions que nous résoudrons, et d'autres que nous
ferons semblablement nous ne les résoudrons pas :
celles-ci nous les renverrons à l'intuition de l'artiste,
pour qu'il retire la solution de cette partie à laquelle
nous le renverrons, car dans cette partie la solution
est indiquée. Ici nous poserons et nous résoudrons
peu de questions, en raison de la brièveté nécessaire : car cet art est extrait du Grand Art comme
un bref traité, pour que l'esprit en quelques mots
saisisse beaucoup de choses. Ainsi l'esprit est bien
plus général et par la solution de ces questions qui
sont posées ou données ici, il apprend à donner
la solution d'autres questions, chacune à sa manière.

Les parties auxquelles nous renverrons les ques-

tions sont au nombre de douze, ainsi qu'il a déjà été
dit, à savoir : la première figure, la seconde figure,
la troisième figure, la quatrième figure, les définitions, les règles, la table, l'évacuation de la troisième
figure, la multiplication de la quatrième ; le mélange
des principes et des règles, les neuf sujets, les cent
formes. Voici en premier lieu ce qu'il y a à dire de
la première partie.

Chp. XXV.

Des questions de la première figure.

1° Question. — Y a-t-il un être dans lequel le sujet
et l'affirmation soient établis en identité d'essence,
de nature et de nombre, par toute la première
figure?

La réponse est oui. Car autrement la conversion
du sujet et de l'affirmation et leur égalité, seraient
détruites entièrement, et l'éternité serait supérieure
par son infinité ; et sa bonté, sa grandeur sa puissance seraient inférieures parce que finies, ce qui est
impossible.

2. On demande quel est cet être dans lequel le
sujet et l'affirmation s'approprient ainsi?

Or répondra que c'est Dieu ; car une telle conver-

sion ne peut se réaliser que dans une individualité
infinie et éternelle.

3. On demande si la bonté divine possède en soi
ainsi une grande puissance de rendré bon, comme
l'intelligence divine la puissance de créer la compréhension?

4. On demande pourquoi Dieu possède ainsi en lui
une grande activité comme une grande existence?

5. On demande ce que Dieu peut aussi grand qu'il
est lui-même?

6. On demande pourquoi l'homme et l'animal ne
se réunissent pas en un. Et la réponse est que cela
ne peut se faire entre plus grand et plus petit, mais
entre égaux.

7. On demande est-ce que dans l'ange, son pouvoir, son intelligence et sa volonté sont unifiés? La
réponse est que non : autrement il pourrait avoir
l'infinité d'action et d'éternité, comme Dieu.

Ch. XXVI.

Des questions de la seconde figure.

Division. 1e manière par le premier triangle. — Les
questions de la troisième figure peuvent être de trois
façons : ainsi l'homme et le lion qui diffèrent par la
différence d'aspect; qui se ressemblent par la con-
concordance de genre, et sont contraires par des

contradictions, c'est-à-dire par le corruptible et l'incorruptible : ainsi pour les autres questions, chacun
à sa manière.

1. On demande si la différence est plus générale que
la concordance et la contrariété : à ceci voilà ce qu'il
faut répondre : partout où se trouvent et concordance
contrariété se trouve la différence; mais l'inverse
n'a pas lieu dans toutes choses; en beaucoup d'occu-
rences on rencontre en effet, différence et concordance : mais cependant il n'y existe pas naturellement de contradiction; ainsi chez les être spirituels.

2. On demande quel est le principe le plus impor-
tant, concordance ou contradiction : on répondra
que c'est là la concordance; car c'est de là que
viennent les principes positifs : de la contradiction
viennent les principes primitifs.

3. On demande quelle définition est la plus
démonstrative, quand on dit : l'homme est un animal
ayant les propriétés humaines, ou bien l'homme est
l'être à qui appartiennent en propre les facultés
humaines, et quand on dit : l'homme est un animal
raisonnable et mortel. Voici quelle est la réponse :
la première définition est la meilleure, car les facultés humaines appartiennent en propre à l'homme
seul; mais la raison et la mortalité appartient à
beaucoup d'êtres.

3 manières au moyen du second triangle. — Dans le

triangle de commencement, milieu et fin, les questions peuvent être posées de trois manières.

Division. 1. La première manière se présente quand
par exemple, on cherche pourquoi il y a une cause
première et non plusieurs. La réponse est donnée
par ceux-ci : il faut qu'une fin soit à l'infini.

2. La seconde, quand on demande par exemple :
si le terme moyen entre le sujet et l'affirmation a une
quantité continue ou discontinue. La réponse est
que cette quantité est continue par rapport au milieu entre les deux extrémités, et discontinue par
rapport au milieu de conjonction et de mesure.

3. La troisième se présente quand on recherche
quelle est la fin dernière dans le sujet. La réponse :
c'est la fin propre et non appropriée.

3 manières par le troisième triangle. — 1. Par le
triangle de minorité, égalité et minorité, les questions peuvent être posées de trois manières. Par la
majorité : ainsi quand on cherche pourquoi Dieu est
au-dessus de l'Ange, et l'ange au-dessus de l'homme.
On répondra que Dieu est au-dessus de l'ange parce
que la bonté divine et la grandeur divine, etc ; sont
éloignées par l'infinité de la quantité, et par l'éternité du temps, mais la bonté de l'ange, sa grandeur
etc. non ; mais les qualités de l'ange sont au-dessus
de la bonté et de la grandeur de l'homme, parce que

le sujet dans lequel elles se trouvent est éloigné de
la division et de la création récente, mais la bonté,
la grandeur, etc. du corps de l'homme, non.

2. La seconde manière, se présente quand on
cherche, pourquoi dans l'âme, l'intelligence, la volonté, et la mémoire sont égales par essence. On peut
donner la réponse suivante : parce que la cause première par l'égalité de sa bonté, de sa grandeur, etc.
est également intelligible, cultivable et aimable.
Ainsi l'intelligence apprend que la démonstration
peut se faire de trois façons : par Quel, par Parce que,
ou par égalité ou encore comparaison.

3. La troisième manière, se montre quand par
exemple on cherche pourquoi le péché est plus que
n'importe quel autre être à l'entour du néant; la
réponse est celle-ci ; parce que il répugne plus que
toute chose à la fin de l'être.

4e *Manière par les espèces des angles*. — On demande
si la différence qui est entre le sensible est plus
grande que la différence entre le sensible et l'intelligible ou que celle qui est entre l'intelligible et l'intelligible. Ou bien si la différence qui est entre le commencement et le milieu est plus grande que celle qui
est entre le milieu et la fin.

Semblablement ou peut chercher une réponse,
pour la différence qu'il y a entre la substance et la

substance, etc. On répondra par ce qui est signifié par les triangles dont nous avons parlé, au moyen subjectif et objectif de la règle de B.

Cн. XXVII.

Des questions de la troisième figure.

1. On a dit dans la troisième figure que un principe quelconque est applicable à un autre. Ainsi on demande : Est-ce que la contradiction est aussi applicable à la bonté, à la grandeur, etc. que la concordance ; la réponse est Non. La contradiction s'applique en effet à ces principes en leur étant privative et contraire, et la concordance leur est positive et d'accord avec elles.

2. On a dit dans la troisième figure : la bonté est grande : et qu'est une bonté grande ?

La réponse est que une bonté grande est celle qui en dehors de toute contradiction ou minorité s'accorde avec tous les principes et leurs corrélatifs.

3. On cherche à propos de la bonté, Où est-elle ? Allez à la chambre B. 1. et tirez-en les significations.

4. On cherche à propos de la bonté ; de quoi est-elle faite ?

5. On cherche à propos de la bonté : comment est-

elle? Allez aux chambres B. D., et B. K., et tirez-en les significations, et ainsi de suite.

6. De même on cherche quand l'esprit est universel, et quand il est particulier.

Cꜰ. XXVIII.

Des questions de la quatrième figure.

1. On cherche dans la chambre B. C. D. s'il existe une bonté infiniment grande, comme l'éternité ; la réponse est que oui. Autrement là grandeur tout entière de l'éternité ne serait pas indiquée bonne par la chambre B. E. F.

2. On demande si Dieu est aussi puissant par sa bonté que par son intelligence. Allez à cette chambre, et tirez-en les significations de leurs corrélations et de leurs définitions.

3. On demande si l'ange augmente la valeur de l'ange, alors qu'il est supérieur, de même l'homme pour l'homme, alors qu'il est inférieur. La réponse est Non, car ce serait sortir de son essence : car l'ange ne reçoit pas une augmentation de l'extérieur ; et de même l'homme en raison de son corps.

Ch. XXIX.

Des questions au moyen des définitions des principes.

1. On demande si Dieu est un être nécessaire.

2. On demande si l'unité peut-être infini en dehors de l'acte infini.

3. On demande si Dieu est un seul.

4. On 'demande si Dieu peut-être mauvais; allez à la définition de la bonté, de la grandeur, et de l'éternité; et voyez ce qu'elles vous enseignent. Car si la bonté est grande et éternelle, il est donc nécessaire que la bonté soit la raison du bien, parce que elle produit le bien grand et éternel. Ainsi de suite pour les autres questions qui peuvent être faites au moyen des définitions des principes.

Ch. XXX.

Des questions au moyen des règles.

1. On demande si Croire est avant Comprendre.

2. On demande quelle définition est meilleure et plus claire, celle donnée par la puissance et son ac-

tion spécifique, ou celle donnée par le genre et la différence. On répondra que c'est celle donnée par la puisance et son action spécifique. Car elle donne la connaissance du sujet et de son action spécifique ; au lieu que l'autre définition n'en donne qu'une partie.

3. On demande si la puissance en dehors de son essence a une action.

4. On demande si l'intelligence est active dans la mémoire, passive dans la volonté.

5. Si l'intelligence peut se rendre compte de l'Objet en dehors de la sensation.

6. Si la puissance divine peut avoir une action infinie.

7. Si l'action peut exister en dehors de la différence.

8. Si l'acte relève de la puissance, ou de l'Objet ou de l'un et de l'autre.

9. Si la substance peut exister par elle-même en dehors de ses causes.

10. Si la volonté a le pouvoir dans l'intelligence par la croyance, et l'intelligence dans la volonté par la compréhension.

11. Si dans l'âme la volonté et la mémoire sont égales.

12. Si l'intelligence en dehors de ses corrélatifs peut-être universelle ou particulière.

13. Si l'intelligence quand elle établit la science, le fait par propriété et différence.

14. Si l'intelligence dispose de l'amour et de la mémoire et inversement.

15. Si l'intelligence peut ensemble et dans le même moment croire et comprendre.

16. Si l'intelligence en soi-même établit la science.

17. On cherche comment l'intelligence établit l'espèce.

18. Si l'intelligence avec son espèce commande à la volonté d'exposer cette espèce. De même que nous avons appliqué à l'intelligence des questions des règles, de même à d'autres fins on peut les appliquer à leur manière.

Cʜ. XXXI.

Des questions de la table.

1. On cherche si le monde est éternel. Allez à la colonne BCD et vous verrez que non. Vous trouverez dans la chambre BCTB que s'il est éternel, il y a beaucoup d'éternités différentes d'espèce, alors qu'elles sont concordantes dans la chambre BCTC, et contraires par la chambre BCTD, ce qui est impossible. Ce qui prouve que dans cette question on doit tenir pour la négative, et cela est prouvé par la règle B.

2. On cherche si Dieu peut aussi bien par sa grandeur être infini que par son éternité. Allez à la colonne CDE et à la chambre CDTC, en tenant pour l'affirmative, contre la chambre CDTD.

3. Si Dieu peut autant par son éternité que par son intelligence. Allez à la colonne DEF et à la chambre DETD.

4. Si Dieu est aussi puissant par son pouvoir propre que par son intelligence et son amour. Allez à la colonne EFG et tenez pour l'affirmative par la chambre EFTE et par la chambre EFTF, et la chambre EFTG, jusqu'à ce que la colonne soit toute entière épuisée.

5. Si en Dieu son intelligence et sa volonté sont plus grandes que son mérite. Allez à la colonne BGH, et tenez pour la négative par le fait de toutes les chambres de cette colonne, en tirant la signification de ces chambres.

6. Si la vérité divine est aussi méritante par les corrélations égales que là volonté divine. Allez à la colonne GHI et tenez pour l'affirmative par le fait de toutes les chambres de cette colonne.

7. Si en Dieu son mérite, sa vérité et sa gloire ont quelque chose par quoi elles soient égales, et éloignées du temps, du lieu, et de la minorité.

Allez à la colonne HIK et tenez pour l'affirmative, par le fait de toutes les chambres.

6

Ch. XXXII.

Des questions de l'évacuation de la 3ᵉ figure.

1. Dans la chambre BC, on a dit que la bonté est grande. A présent on cherche si la bonté est grande et quelle est sa grandeur, et en quoi la bonté et la grandeur concordent. Et si elles peuvent concorder en dehors de toute différence.

2. La réponse est que la bonté est grande, comme il appert de la définition de la grandeur.

3. Et sa grandeur est de posséder des corréla-tions, comme il appert du second aspect de la règle C, et elles concordent : parce que la bonté est grande par la grandeur, et inversement. Car elles ne pourraient nullement concorder en dehors de la différence de leurs corrélatifs.

4. Et cela suffit pour ce qui regarde l'évacuation de la troisième figure en raison de la brièveté de cet ouvrage.

Car avec ce que nous avons dit, de celle-ci, l'artiste peut résoudre et poser les questions dans les autres chambres.

Ch. XXXIII.

Des questions de la multiplication de la quatrième figure.

On demande par quelle façon, l'intelligence se conditionne à être générale pour comprendre généra-lement. Allez à la multiplication de la quatrième figure, et voyez par quelle façon l'intelligence multiplie les conditions avec lesquelles elle multiplie les objets et sa compréhension, pour que par de nombreuses et importantes sciences, elle soit générale et revête de nombreuses formes.

Et en raison de la brièveté, qui est imposée à ce traité, ce que nous venons de dire, au sujet de la multiplication de la quatrième figure, sera suffisant.

Ch. XXXIV.

Des questions du mélange des principes et des règles.

1. On demande si la bonté peut être examinée comparativement avec la grandeur, la durée, etc., et inversement. La réponse est : Oui, comme on l'a

montré par la troisième figure, en faisant du sujet
le complément.

2. On demande ce qu'est la bonté, dans la grandeur, la durée, etc. A quoi on repondra que dans la
grandeur elle est grande, dans la durée, durable.

3. On demande ce qu'a la bonté dans la grandeur, etc. A quoi on répond que ses propriétés corrélatives sont grandes dans la grandeur, durables
dans la durée.

Et les exemples que nous avons donnés pour la
bonté, on peut les donner pour les autres principes
en leur manière.

Et ce que nous venons de dire est suffisant en ce
qui regarde le mélange.

Ch. XXXV.

Des questions des neuf sujets, et premièrement de Dieu.

1. On cherche si Dieu existe. La réponse est que
oui. Cela a été prouvé dans les questions de la première figure.

2. On demande ce qu'est Dieu. La réponse est que
Dieu est un être, que cependant il agit en lui-même
autant que lui-même est.

3. Par le second aspect de la règle C, on cherche ce que Dieu possède en lui d'essentiel.

Ce à quoi on répond qu'il a ses propriétés corrélatives, sans lesquelles il ne pourrait avoir ses raisons immenses et éternelles.

4. Par le troisième aspect, on cherche ce qu'est Dieu en un autre.

A quoi on répond qu'il est créateur, gouverneur, etc.

5. Par le quatrième aspect de la règle C, on cherche ce que Dieu possède dans un autre. On répondra que dans un autre il a le pouvoir et la domination, et en toutes choses le jugement et l'action de sa grâce, de sa miséricorde, de sa patience et de sa pitié. Et nous n'en dirons pas plus long au sujet de Dieu en raison de la brièveté nécessaire.

Ch. XXXVI.

Des questions des Anges.

1. On demande si les anges existent. La réponse est : oui. Car si ce qui paraît le moins semblable à Dieu existe, à plus forte raison, ce qui lui paraît le plus semblable. Et encore s'il existe quelque être composé de l'intellectuel et du corporel, à plus forte raison, ce qui est composé de

l'intellectuel et de l'intellectuel. De plus si les anges
n'existaient pas, l'Échelle de concordance et de
différence serait vide, et pur conséquent le monde,
ce qui est tout à fait impossible.

On demande à propos de l'ange de quoi il est fait,
et de qui il relève. On répondra par la règle D. La
réponse est : de sa substance propre, car son essence
ne peut être formée de points ou de lignes. Le second
aspect de cette règle montre qu'il est formé de facultés spirituelles corrélatives. Le troisième aspect
montre qu'il relève de Dieu. Et cela suffira pour ce
qui a rapport aux anges en raisons de la brièveté.

Ch. XXXVII.

Des questions du Ciel.

1. Est ce que le ciel est son propre moteur ? La
réponse est que cela est, pour que ses principes
aient leurs corrélations de substance propres au
moyen des constellations.

2. Est-ce que le ciel se meut vers un lieu ? La
réponse est que cela est en lui-même et vers ses
parties inférieures, mais non en dehors de lui-même.
La raison en est qu'hors de lui-même il n'a et ne
peut avoir aucune action.

3. Est-ce que l'ange meut le ciel ? et la réponse est que non.

4. On demande si le ciel possède une âme motive. La réponse est affirmative, car autrement la vie sensitive et végétative n'auraient pas d'âme motive, ni les éléments n'auraient de mouvement.

5. On demande par le premier aspect de la règle E pourquoi le ciel existe. On répond que c'est parce qu'il est constitué de sa forme et de sa matière. Par le second aspect de cette règle E, on demande pour quel but le ciel existe. On répondra : C'est pour que les entités inférieures puissent avoir un mouvement. Et ceci suffit pour ce qui regarde le ciel, en raison de la brièveté de ce livre.

Ch. XXXVIII.

Des questions du quatrième sujet, qui est l'Homme.

1. On demande si l'Homme peut avoir de Dieu une connaissance plus complète en affirmant ou en niant. On répondra que c'est en affirmant. Dieu n'est pas, en effet, par le moyen des choses sans lesquelles il peut être, mais par le moyen des choses sans lesquelles il ne peut être.

2. On demande pourquoi l'homme agit par une

forme spécifique : allez au second aspect de la règle E. la solution y est contenue.

3. Est-ce qu'un homme qui augmente ses actions augmente son essence? La réponse est que nul homme ne s'augmente lui-même.

4. On demande quand l'homme cherche à se souvenir et ne peut se souvenir, ce qui fait le premier défaut, la mémoire ou l'intelligence. On répondra que c'est la mémoire : car c'est elle qui, naturellement, rend plutôt les aspects antiques à l'intelligence qu'à la volonté.

5. On demande comment l'âme et le corps sont en composition dans l'homme. La réponse est que dans l'homme la bonté corporelle et la bonté spirituelle composent une seule bonté, et ainsi des autres.

6. On demande ce qu'est la vie de l'homme. On répondra que c'est la forme qui est composée de la faculté végétative, sensitive, imaginative et raciocinante.

7. Ce qu'est la mort de l'homme. La réponse est que c'est la dissolution de la puissance élémentative, végétative, sensitive, imaginative et ratiocinante.

8. On demande si l'homme est visible; on répondra que non : car la vue ne peut ressentir que la couleur et la figure.

9. On demande si dans l'homme l'intelligence et

la mémoire sont la même puissance. La réponse est non. Car si c'était la même puissance, il n'y aurait pas dans l'intelligence de succession dans l'acquisition des aspects; elle ne pourrait les oublier ou en avoir l'ignorance. Et ce que nous avons dit de l'homme suffit à cause de la brièveté nécessaire.

Cʜ. XXXIX.

Des questions de l'imagination.

1. Est-ce que l'imagination imagine les choses imaginables de la façon que la sensation sent les choses sensibles.

2. On demande quelle cause fait abstraire par l'imagination les aspects des choses sensibles.

3. On demande ce qu'est l'imagination.

4. Si l'imagination a ses facultés corrélatives.

5. Si l'imagination s'augmente elle-même en augmentant ses actes.

6. Si l'imagination est une puissance plus élevée que la sensation.

7. Si l'imagination a son instinct et ses besoins spécifiques.

8. Par quel moyen la sensation empêche l'action de l'imagination.

9. Pourquoi l'imagination n'est pas aussi puis-

sante dans les choses sensibles ou senties que la
sensation. Allez au sujet de l'imagination.

10. On demande si la sensation sent l'imagination. On répondra que les puissances inférieures
n'ont pas d'action sur les puissances supérieures.

Cu. XL.

Des questions de la sensation.

1. On demande quelle est celle des puissances qui
ressent la faim et la soif ; le goût ou le toucher. La
réponse est que c'est celle qui a le plus de rapport
avec l'objet.

2. Si le goût sent la faim et la soif au moyen de
l'instinct et des besoins, comme la vue les choses
colorées au moyen de la couleur. Allez au second
aspect de la règle E.

3. On demande par quel moyen la sensation sent
les choses senties. La réponse est que un sens particulier quelconque sent l'objet qui lui est sensible par
une forme spécifique, comme le sujet coloré existant
dans le cristal colore celui-ci.

4. Est-ce que la sensation a une quantité ponctuelle et linéaire? La réponse est que la sensation
atteint l'objet aussi bien de loin que de près.

5. Est-ce que la sensation de même qu'elle a un

sens commun a un pouvoir, un instinct, des besoins communs ?

6. On demande ce qu'est la sensation ?

7. Avec quelles choses la sensation est particulière, avec quelles commune.

8. De quoi la sensation vit et se nourrit. Si la sensation est chose sentie ; allez au sujet de la sensation.

Ch. XLI.

De la faculté végétative.

1. Est-ce que cette faculté agit par son espèce propre.

2. A-t-elle des facultés par la raison desquelles elle soit particulière ou commune comme la sensation.

3. Est-ce que la quantité en est ponctuelle ou linéaire.

4, 5. On cherche ce qu'est cette faculté et ce qu'elle a en elle-même, par le second aspect de la règle C.

6, 7, 8, 9, 10. On cherche de quoi elle vit et se nourrit et croît et dans quel sujet elle est plantée.

11. Qu'est la mort de la faculté végétative. Allez au sujet de la faculté végétative dans lequel les solutions des questions précédentes sont impliquées.

Ch. XLII.

Des questions du huitième sujet qui est la faculté élémentative.

1. Qu'est la faculté élémentative?

2. A-t-elle beaucoup d'aspects comme la sensation?

3. A-t-elle ses facultés corrélatives? Est-ce que la flamme de la chandelle élémente en soit-même la lumière de la lampe lorsque elle l'allume?

4. Est-ce que la flamme de la chandelle allume la flamme au moyen de l'air de même que la vue sent les choses colorées au moyen de la lumière?

5. Est-ce que la faculté élémentative est la cause spéciale de la longueur, largeur, profondeur plénitude.

6. Est-ce qu'elle est l'aspect commun des éléments?

7. Peut-elle exister dans le sujet quand les éléments en sont éloignés?

8. Est-elle la source des points, des lignes, des figures?

9. Est-ce qu'elle se meut naturellement avec son instinct et ses besoins, par légèreté, gravité, chaleur etc... comme l'homme artificiellement par ses pieds.

10. Peut'elle avoir une nature en dehors de ses corrélations de substance ?

11. Est-ce que dans les choses élémentées, les éléments sont en acte?

12. Est-ce qu'elle a une quantité continue dans tous les endroits sublunaires.

13. Y a-t-il deux chaleurs, deux sécheresses, deux blancheurs, solution : allez au sujet de la faculté élémentative et tirez-en les réponses, en observant les conditions et moyens indiqués dans cet art.

14. Existe-t-il un cinquième élément? La réponse est non. Dans les choses élémentées il suffit de quatre façons d'envisager.

CH. XLIII.

Des questions du neuvième sujet et dernier qui est la faculté instrumentative.

Précédemment nous avons parlé du point de vue naturel, nous allons le faire du point de vue moral.

1. On cherche ce qu'est la moralité.

2. On cherche ce qu'est la justice, la prudence, etc... ce qu'est l'avarice, la gourmandise, allez au neuvième sujet et faites ce qui est indiqué par ce traité.

3. On cherche encore si la justice est bonne. La ré-

ponse est que oui. Car si elle ne l'était pas, l'injustice
ne serait pas mauvaise.

4. On cherche encore si la justice à des corrélations.
Or, répondra que oui. Car si cela n'était pas, elle ne
pourrait avoir de mode particulier, et elle n'aurait
rien en quoi elle fut soutenue et assise. Est ce qu'on
dit à ce sujet, on peut le faire pour toutes les questions qui regardent la justice par le moyen des principes et des règles ; ce qu'on a dit de la justice, on
peut le dire de toutes les autres vertus.

5. Est-ce que les vices sont simplement des principes privatifs. La réponse est que oui. Car avec les
vertus ils n'ont nulle convenance. Et dans les vertus
ce qui agit et ce qui est agi et les moyens de ce, ont
une concordance réciproque pour l'objet vertueux.
Ceci suffira pour ce qui a rapport à la morale, en
raison de la briéveté nécessaire, et surtout parce que
dans le Grand Art, nous en avons traité plus longuement.

CH. XLIV.

Des questions des cent formes.

Leurs modes. — Les questions des cent formes
peuvent être faites d'autant de façons qu'une forme
quelconque a de différences dans les neuf sujets.

1. De l'entité. — Ainsi l'entité, qui est une forme
en Dieu, une autre dans l'ange, une autre dans le
le ciel. Ainsi quand on cherche si l'entité de Dieu est
le principe de toutes les entités. La réponse est oui :
parce que sa bonté est le principe de toutes les bontés,
sa grandeur de toutes les grandeurs, son éternité de
toutes les durées ; cela au contraire ne peut se dire
des entités de l'ange, du ciel, etc.., C'est pourquoi
chaque forme selon qu'elle diffère des autres a ses
principes et ses règles suivant lesquels elle doit être
examinée.

2. *De l'essence.* — On cherche si l'essence et l'être
s'unifient. On répond que cela a lieu en Dieu, En Dieu
il n'y a rien de supérieur et d'inférieur, ce qui a lieu
dans l'ange et dans le ciel etc.., Car en eux l'être
existe par le moyen de l'essence, et non inversement.
En eux, donc, l'essence est supérieure, et l'être inférieur,

3. *De l'unité.* — Les questions peuvent être faites
d'une façon quant à l'Unité de Dieu, d'une autre façon quant à l'unité de l'ange; d'une façon quant à
l'unité de l'ange, d'une autre façon quant à l'unité
du ciel etc... Ainsi quand on cherche s'il appartient
à l'unité de Dieu d'unir l'infini. On répondra que oui ;
car si elle n'unit pas l'infini, cette unité ne peut-être
infinie : car son pouvoir serait fini et comme enchaîné,

et elle serait oisive dans l'éternité, et l'on pourrrai
dire de semblables choses de la bonté et de la grandeur divine, etc... ce qui est impossible.

Si on cherche s'il appartient d'unir à l'unité de
l'ange, la réponse est que cela se peut suivant les conditions de son unité. C'est-à-dire que un ange avec un
autre vient objectivement donner des enseignements
moraux, un aimer, un comprendre, un humaniser; je
ne dis pas que un ange unifie un autre ange, parce
que cela ne se peut, ainsi qu'il a été dit déjà, pas plus
qu'un ciel ne peut unifier un autre; mais en réalité
l'unité du ciel cause les unités inférieures. Mais il
n'en est pas ainsi de l'unité de l'homme, car un
homme peut unir un autre, en générant cet autre, et
ainsi de suite.

4. *De la pluralité.* — On demande si en Dieu existe
la pluralité. On répondra que oui, par la considération de ses corrélations données dans le second aspect
de la règle C sans lesquelles il ne pourrait avoir en
lui une œuvre éternelle en rendant bon, grand, éternel; et ainsi ses raisons seraient enchaînées et oisives
ce qui est impossible. Mais il n'en est pas ainsi de la
pluralité de l'ange; car l'ange est complexe en regard
de la simplicité divine, et semblablement le ciel est
plus complexe que les anges, et l'homme plus que
le ciel.

5. *De la nature.* — On demande si en Dieu existe
une nature. La réponse est que oui, pour qu'il possède naturellement le souvenir, l'intelligence, l'a-
mour, et aussi la bonté, la grandeur naturelle, et
pour que ses raisons lui soient naturelles, de produire le bien infini et éternel, afin qu'il aboutisse
à produire naturellement. Mais il n'en est pas ainsi
de la nature angélique, car elle est finie et récente,
cependant il lui appartient de naturer, car l'ange
a en lui les aspects innés et naturels aux moyens
desquels il produit objectivement et naturellement.
On peut ainsi dire de la nature du ciel selon sa
manière, et selon ses principes et ses règles naturels et spécifiques, au moyen desquels il agit naturellement et spécifiquement.

Et l'on peut dire des choses semblables de la
nature des autres sujets en leur manière. Par ce qui
a été dit l'artiste peut savoir faire les questions qui
ont rapport aux cent formes et les résoudre suivant
que les questions sont traitées et déduites de diverses façons par les neuf sujets différents entre eux,
en conservant à chaque forme la définition que nous
en avons donnée.

C'est ainsi que l'intelligence connaît par quel
mode il est très général pour faire les questions
et les résoudre de la façon indiquée dans l'évacuation de la troisième figure et dans la multiplication

7

de la quatrième figure. Or, qui pourrait compter les questions et les solutions qui peuvent en être données, et pour ce qui regarde les questions des cent formes, nous n'en dirons pas plus long, en raison de la brièveté.

Ch. XLV.

De la douzième partie qui traite de la disposition.

Division. — Cette partie traite de la disposition de cet art. Elle est divisée en trois parties :

1re Partie. — La première partie comprend les treize parties en lesquelles cet art est divisé : Et l'artiste en cet art doit les disposer, pour savoir appliquer la question au lieu ou aux lieux, disposé ou disposés pour cette question suivant les matières dont elle se compose.

2e Partie. — La seconde partie apprend à disposer la manière d'être et la suite du texte de cet art en prenant exemple pour poser et résoudre les questions voisines, sur la façon dont d'autres questions ont reçu l'explication ; ainsi que l'on a vu un exemple donné fournir d'autres exemples et éclairer d'autres sujets.

3e Partie. — La troisième partie apprend à con-

naître la manière de multiplier les questions et solutions en une seule et même conclusion. C'est ce
qu'ont montré la troisième et la quatrième figure, et
la table.

Nous n'en dirons pas plus de la disposition, en
raison de la brièveté nécessaire.

Ch. XLVI.

Douzième partie qui traite de la façon d'apprendre cet art.

Division. — Cette partie est divisée en quatre
parties :

1re *Partie.* — La première est que l'artiste sache
bien par cœur l'alphabet, les figures, les définitions,
les règles et la façon d'être de la table.

2e *Partie.* — La seconde est qu'il explique bien
le Traité aux élèves, et qu'il ne se tienne pas lié par
des autorités étrangères.

Il faut que les élèves lisent et relisent ce Traité et
qu'ils éclairent leurs doutes en consultant l'artiste
ou le maître.

3e *Partie.* — La troisième partie est que le maître
ou l'artiste pose des questions devant les élèves et

les résolve raisonnablement selon la suite de cet art. Car sans la raison, l'artiste ne peut bien se servir de cet art. C'est pourquoi il faut savoir que cet art a trois amis : la subtilité d'esprit, la raison et l'attention. Et sans ces trois, nul ne peut apprendre cet art.

4ᵉ Partie. — La quatrième partie est que l'artiste pose aux élèves des questions pour qu'eux-mêmes y répondent, qu'il leur dise de multiplier les raisons en une seule et même conclusion, et de trouver les lieux dont ils relèvent, et où ils trouvent la façon de répondre et de multiplier. Et si les élèves ne savent répondre, multiplier les raisons ni trouver les lieux, alors il faut que le maître enseigne par sa parole ses élèves.

FIN DE CE LIVRE.

A L'HONNEUR ET LA GLOIRE DE DIEU,

ET DE L'UTILITÉ PUBLIQUE, CE LIVRE FUT PAR

RAYMOND LULLE

FINI A PISE, EN LE MONASTÈRE DE SAINT-DOMINIQUE,

AU MOIS DE JANVIER, L'AN DU SEIGNEUR

MCCCVII (1307)

DE L'INCARNATION DE NOTRE SEIGNEUR JÉSUS-CHRIST.

A LUI SOIENT L'HONNEUR ET LA GLOIRE

PAR L'INFINITÉ DES SIÈCLES DES SIÈCLES.

AINSI SOIT-IL.

FIN

BIBLIOTHEQUE   NATIONALE

SERVICE DES NOUVEAUX SUPPORTS

58, rue de Richelieu, 75084 PARIS CEDEX 02 Téléphone   266 62 62

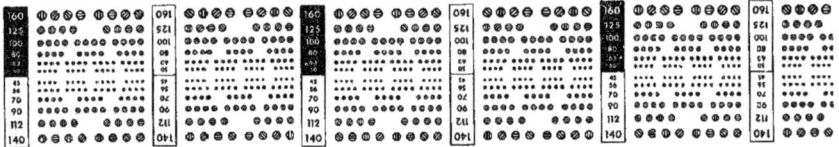

Achevé de micrographier le :   7 / 3 / 1977

0   1   2   3   4   5   6   7   8   9   10   11   12   13 cm

Défauts constatés sur le document original

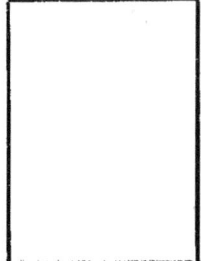

Contraste insuffisant ou
différent, mauvaise qualité
d'impression

Under-contrast or different,
bad printing quality

www.ingramcontent.com/pod-product-compliance
Lightning Source LLC
Chambersburg PA
CBHW060638100426
42744CB00008B/1679